JN255361

今こそ、3.11を忘れない

復興支援皇居マラソンが被災地にいざなう

山本悦秀
金沢大学名誉教授

後遅走サンデー Vol.8 完結編

今こそ、3・11を忘れない

はじめに

平成十(一九九八)年に『後遅走サンデー』を初出版して以来、今回の第八編で完結することにした。その最大の理由は、走力の急激な低下により、筆者の市民マラソン一〇Kの完走記録が猛暑の夏や体調が万全でない時などでは最も緩い制限時間の九十分に近づいてきたからである。さらに付随的なこととしては、定年後の金沢から東京へのソフトランディングが予想以上にうまくいったこと、市民マラソン完走七百回という節目に達したこと(一二項)等の満足感が挙げられる。

さて、本・完結編のタイトルは「今こそ、3・11を忘れない」、副題を~復興支援皇居マラソンが被災地にいざなう~とした。タイトルへの思いは後述するとして、まずは被災地訪問のきっかけとなった皇居マラソンについて触れたい。

かつては全県完走など、遠方に行くこと自体も楽しみでその紀行文を記述した時代もあった(第二編:東奔編、第三編:西走編)が、加齢により次第に健康維持目的のマラソンにシフトしていき、最終的に落ち着いたのが皇居マラソンである。

筆者から見て、その特徴は二つある。まずはアクセスが至近・至便なことで、自宅最寄り駅の東急目黒線の洗足駅から相互乗り入れの都営地下鉄三田線の日比谷駅まで直通で二十五分、そこから歩いて会場の皇居・桜田門前広場時計台付近まで十分ほどを気持ちを高めながら歩いて到着。荷物は近くに沢山並んでいるベンチ付近に置いているが盗難は全くなく、走り終えたなら、走後の爽快感に浸りながら帰途に就くのが筆者の〝ルーティン〟である。最近は週休二日制が定着し、多くは土曜午前の出走で、後遅走サタデー状態になっている。

もう一つの特徴は一周五キロ（正確には四九七〇メートルとされている）が明確なので、スタート地点をどこにしても正確に完走タイムの計測ができることである。そこで筆者は昨年の八月の猛暑期間には、早朝の自主ランに切り替えることにした（七項）。その際のアクセスは、一度の乗り換えはあるものの桜田門に再至近の地下鉄有楽町線の桜田門駅で下車し、出口に付設してあるランナー仕様のロッカーで着替えて荷物を預けることにしている。そして皇居方面出口を出発点として二周し、自宅に戻る時刻は概ね九時前で、その日を有効に使えることになる。こういった便利さから、皇居マラソンの出走回数は二〇一七年九月現在で、自主ランの五十一回を含め百六十八回となり、これは東京に住居を戻してからの完走回数二百三十六回中の七割強に相当する。金沢在住時代に最も多く走った犀川《さいかわ》でのマラソンが四十四回であることからも皇居マラソンの多さが際立っている。こうして、筆者にとって皇居マラソンは名実ともに有終の美を飾るレースとなったのである。

一方、走力の低下につれて記述すべき市民マラソンのエピソードが減る中、東日本大震災の二年後から皇居外周コースで開始された「東日本大震災復興支援ラン」が縁で、東北の被災地を二〇一五年五月から二年四ヶ月かけて十四回十八日間、二十二市町を訪問した。すなわち、同マラソンへの二十回参加を記念して被災された方からいただいた「ただただ、3・11を忘れないで下さい」のメッセージが、それまで四年余も訪問を躊躇してきた筆者の背中を押すきっかけとなった。

被災地を訪問してみて、正に「百聞は一見に如かず」で実際に自身の目で見なければわからないことが多々あったが、その上で購入した多くの被災記録本やインターネットの情報とを照合することでさらに知識が深まっていった。

当初は震災遺構など、津波の凄さの痕跡を残す建物に目がいったが、次第に嵩上《かさ》げなどの復興事業のスピードが明らかに遅いと感じ始め、その理由にも関心が移っていった。さらに震災以前から三陸地方に立ちはだかる人口減と産業の沈滞による地域の衰退という壁が、震災でさらに拍車をかけられている深刻な状況も理解できた。その後、立ち入りさえできなかった福島第一原発事故の避難指示区域が解除になってやっと訪問してみると、事態は津波被災地以上に深刻であることを知った。南相馬市小高区や楢葉町では解除一年余を経て、帰還者は高齢層を主体に一割余程度に留まっているという。「不条理」という用語があるが、〝人生に意義を見出すことができない絶望的状況〟を指すという。一瞬にして日常生活が奪われ、二度と元に戻らないことの不条理は誠にお気の毒としか申し上げる言葉がない。

次いで、福島第一原発にさらに近い浪江町と富岡町が約一年遅れで避難解除されたので訪問した。遅れれば遅れるほど、家屋の風化が進み、町を一つの有機体としてきた「毛細血管が全部、壊れてしまい」、住民の戻る気持ちはどんどん削がれていく。仕事が無ければ戻りようがない。一方で、自主避難した先でバイ菌呼ばわりされ、いじめを受けた児童の報道には居たたまれない気持ちになった。そして、最終的に原発事故発生地の双葉町と大熊町に今後の展望はあるのだろうかと思うと、チェルノブイリ同様、極めて深刻な事態であることを認識せざるを得ない。

これらの思いを凝縮したのがタイトルの「今こそ、3・11を忘れない」である。

愛知県生まれで東北に住んだこともなく、親類もいない筆者であるが、被災地訪問を重ねるに従い、できるだけ多くの地域を自身の目で見て記述すべきではないかとの思いが強くなっていった。こうして連鎖的に訪れた被災地二十二市町の訪問記録は以下のように一九項の二回分を除き各回一項として全十一項に記載した(図1)。

「平成二十七年五月二十三日～二十九年八月十六日、全十四回、十八日間、二十二市町」

三項：	岩手県陸前高田市の奇跡の一本松、気仙沼市	平成二十七年五月二十三日
六項：	宮城県石巻市、女川町、東松島市(野蒜駅周辺)	平成二十七年八月十二～十三日
一〇項：	宮城県南三陸町	平成二十七年九月二十一日／二十九年八月十六日
一一項：	福島県相馬市、宮城県山元町、名取市(閖上地区)	平成二十七年十月十日
一四項：	岩手県宮古市(田老地区、浄土ヶ浜)	平成二十八年三月十一日
一五項：	岩手県山田町、大槌町、釜石市(鵜住居地区、濱口部)	平成二十八年四月二十九～三十日
一六項：	岩手県大船渡市、陸前高田市(再)	平成二十八年五月十四日／二十九年五月二十七日
一九項：	福島県南相馬市(小高区)、新地町／楢葉町	平成二十八年七月十八日／同月三十一日
二二項：	宮城県女川町(再)、石巻市(再)、多賀城市、仙台市	平成二十九年三月十一～十二日
二三項：	福島県浪江町	平成二十九年四月十五日／八月十五日
二四項：	福島県富岡町、いわき市(久ノ浜地区)	平成二十九年五月三日

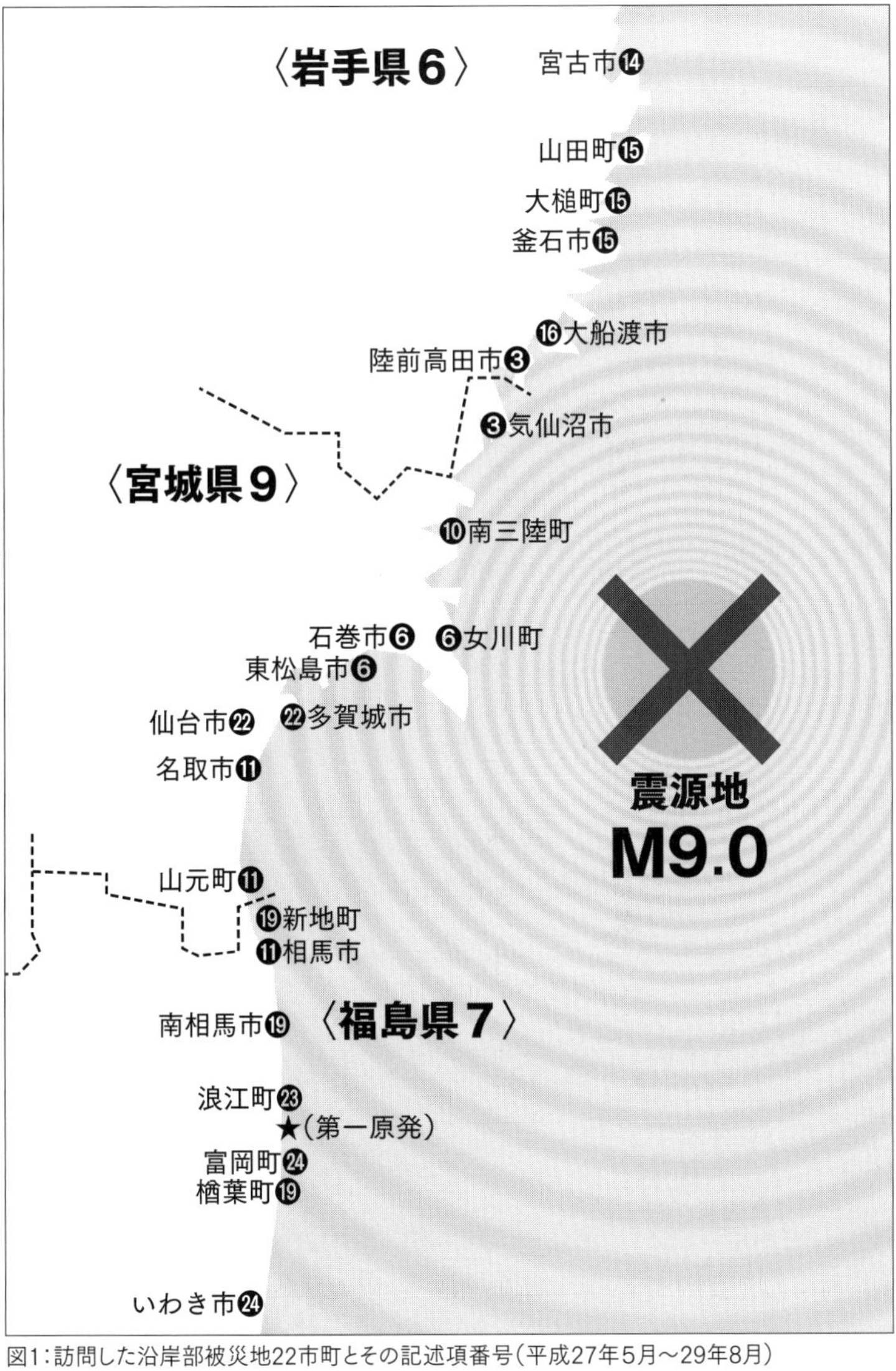

図1：訪問した沿岸部被災地22市町とその記述項番号（平成27年5月～29年8月）

東日本大震災が発生した平成二十三(二〇一一)年三月十一日(金)の八日後の十九日(土)に、筆者の教授退職記念会を金沢市内のホテルで二百名余の方々に参集いただき予定通り開催した。もちろん開催中止という選択肢は考えられなかったが、その後、震災の大惨状を見聞きするにつれ、記念会を開催したことに、どうしても後ろめたい気持ちが残っていた。実際に、「最も自粛下にあった」東京では筆者も出席予定であった震災翌日十二日(土)のT教授退職記念会は中止され、さらに同期生のS教授は四月十二日に開催はしたが、出費を極力抑え、百五十万円を義援金として送っている。それ故、被災地を訪問する際は、必ずネクタイを着用して敬意を払い、大仰な言い方になるが「懺悔の行脚」という思いだった。

定年後、東京へのソフトランディングは予想以上にうまくいったが、そんな折にいただいた前述のメッセージは、筆者の定年後の期間と同じ震災後の六年余をとても辛い思いで生きてこられた方々からの「少しは被災地に思いを馳せなさい」との啓示だったのであろう。

一方、筆者が医療者オストメイト(人工肛門、人工膀胱保有者)であることに関連しては、泌尿器科教授が自らの膀胱癌切除後にストーマを造設しない新膀胱ではなく、ストーマを造設する回腸導管を選択された内容の講演(一項)、筆者が主に看護師を対象とするストーマ認定士講習会で講演したこと(二〇項)およびストーマ・排泄リハビリテーション学会の特別企画に参加したことである(二一項)。

初編刊行以来、十九年。前半の四編までは純粋に市民マラソンの記述に終始したが、平成十七(二〇〇五）年に大腸癌を発症以降、その内容が大きく変化したのは自然の流れであろう。そして、六十～六十二歳にかけての大腸癌に対する三回の開腹手術でオストメイトになったものの命懸けの闘病を乗り切って今日まで無再発であり、本編のように被災地訪問を記述できる幸運に感謝のほかない。そのほか、本来の主体であった市民マラソン関連は、それこそ最後の力を振り絞って距離の短い種目を完走し、それらを二項、七項、一二項および一八項に記述した。

なお、いずれにも属さない事項として、「命のビザ」を発行し続けられた杉原千畝《ちうね》氏を五項に記載した。最後まで完読いただければ幸いです。

Contents 後遅走サンデー Vol.8 完結編 今こそ、3・11を忘れない ～復興支援皇居マラソンが被災地にいざなう～ 金沢大学名誉教授 山本悦秀

第三章 105 津波災害地の仮設から復興公営への住宅整備は道半ば

（平成二十八年二月～六月：七十歳～七十一歳）

第四章　原発事故避難解除地域に人が戻らない厳しい現実

第一章

「ただただ、どうか3・11を忘れないで」の言葉に導かれて被災地を訪問

（平成二十七年二月～八月…六十九歳～七十歳）

頻繁に開催される週末の皇居マラソンで、「東日本大震災復興支援ラン」の冠称が付いたレースに初参加したのは、平成二十五(二〇一三)年五月十一日である。

あの大震災から二年が経ち、被災地への強い関心が薄れがちになってきた頃に有志の方々が継続的な支援を企図して発足されたのであろう。各自の参加費のうちの一部が義援金とし各被災地を選んで送られているとのこと。初参加以来、平成二十七(二〇一五)年四月十八日にエントリーが二十回に達したとのことで、競技開始前に主催者からの競技説明時に名前を呼ばれ、小さな手編みの記念品を受け取った。そこにはメッセージが添えられていて、「今もまだ、色々な思いを抱えている人が沢山います。元気に笑っているけれど、内に秘めている思いはきっと沢山あるんだろう……。遠く離れた地にいる皆様、ただただ、どうか3・11を忘れないで下さいね。宮城県山元町　ともこ」とあった。今回は、宮城県最南端の同町に義援金が送られるということであろうが、こういった本音の言葉はずしりと響くものがある。

これまでに何度も被災地を訪問したいという思いはあったが、範囲も広く、どこをどういうルートでと思い始める度に、結局、堂々巡りで頓挫していた。それに加え、被災地でも町を活性化させたいと思う来訪歓迎派と単なる物見遊山では来て欲しくないという来訪拒否派もいるだろう。一方、被災地から離れた我々の間でも訪問尻込派とこの目で確かめたいという訪問積極派があろう。そして双方とも、その考えは個人個人の心の中にそれぞれの割合で入っているようである。被災地訪問をブラックツーリズムとかダークツーリズムとも言うようだが、それでは尻込みする。

一方、日経新聞二〇一五年八月二十九日版によると、最大被災県の宮城県では沿岸部の観光協会やホテルなどが、人々の記憶が風化する懸念から「復興ツーリズム」に力を入れている。村井知事は、「震災の悲惨さや復興に向かう現状を実感して欲しい」と来県を呼びかけている。

震災後四年半、これらのメッセージで背中を押され、筆者もとにかく行くことにした。「被災地を訪問すること、被災地で食事したりお土産を買ったりすることも、大切な今の被災地支援になります」の言葉にも救われる思いで、肩に力を入れず、「ただただ」被災地の現状を訪問させていただくことにしたのである……。

一　人工膀胱となられた泌尿器科名誉教授の講演に感銘

（平成二十七年二月二十八日）

第三十一回日本ストーマ・排泄リハビリテーション学会総会は昨・平成二十六（二〇一四）年二月二十一〜二十二日に仙台で開催され、筆者が初参加した印象的な学会であった（第七編一二項）。今年は千葉県浦安市の東京ディズニーランド地区にあるシェラトン・グランデ・トーキョーベイ・ホテルで開催される。自宅からの往復が可能で至便であり、楽しみにして出かけることとした。

二月二十七日（金）学会第一日：ディズニー・ワールドを俯瞰し会場に

本日の開会は午後三時十五分からであり、一時前に自宅を出発した。ルートは北千束から東急大井町線で大井町、りんかい線に乗り換えて新木場、さらに京葉線で舞浜、そして周回型のディズニーリゾートラインでベイサイドステーション下車と三回の乗り換えであるが、長く乗車している路線はなく、りんかい線の十六分ほどが最長で、北千束を十二時四十三分に乗って、最終のベイサイドステーションには十三時五十六分に到着した。

出口付近にシャトルバスがあったので乗車したが、学会場であるホテルまでわずか一分ほどと真ん前であった。これまでディズニーランド＆ディズニーシーのディズニーワールド地域は舞浜駅から遠望する程度であったが、今回は接近して俯瞰するといった状況であった。元々、こういった混雑する人気行楽地はあまり好きにはなれず、今回の機会がなければ決して訪れることはなかったであろう。

受付で当日会費を支払い、抄録集を購入してからメイン会場である第一会場に入り、これから一日半で視聴する演題をざっと決定した。そして三時十五分からの教育セミナー・「ストーマを造設した患者のスムーズな社会復帰を支援する～あなたもなれるストーマ認定士～」を二時間視聴した。

この一年間にストーマに関する知識を向上させたので特に目新しい発表はなかったが、肛門温存手術の増加に伴って、一時的な双孔式回腸ストーマ造設症例が増えていることが印象的であった。本日はこれのみで辞することにしたが、オストミー協会の高石会長など、この一年間で培った人脈のおかげで、数名の知人の方にお会いし、声を交わすことができたことは全く孤独であった昨年との違いであった。

二月二十八日（土）学会第二日：若い時の膀胱発癌実験で泌尿器科教授が膀胱癌に

本日は八時半からの開始である。昨日に抄録集を通覧して、これだけは聞いて書き留めておきたいと思った演題が二つあった。一つは高齢・超高齢オストメイトの心境に関する一般講演、もう一つは名誉教授オストメイトの特別講演であった。

1　一般口演：超後期高齢期を迎えたストーマ保有者のオストミーライフ／結腸ストーマを保有する後期高齢者のオストミーライフ

筆者らオストメイトにとって将来、ストーマのセルフケアができなくなったらどうするかということは常に頭のどこかにある懸案事項で、高齢オストメイトの方々の心境は参考になる。第三会場・午前九時からの、これら二演題は年齢が八十五歳から八十九歳までの八名と七十五歳から八十四歳までの十名のオストミー協会会員を対象としていて、「失ったもの」、「得たもの」、「生きていくことの大切さ」を調査・分析したものであり、二題併せての結果を記述することとする。

㈠「失ったもの」：趣味の中断、行動の自由、夫婦生活、青春時代の楽しさ、生きる気力、友人、遠方への旅行、自由時間の制限、㈡「得たもの」：オストミー協会での出会い・交流、ピアサポート的役割、旅行、家族との絆・関わり、自分を肯定して生きる、健康の大切さ、㈢「生きていくことの大切さ」：命を大切にする、健康に留意する、人との交流を大切にする、感謝する、家族のために長生きしたい、地域活動に参加する、穏やかに人生を全うしたい、であった。筆者同様、協会への入会の意義の高さが感じられた。

さて、これらに筆者が答えるとすればどうなるであろうか。

「失ったもの」：排便機能のみ、「得たもの」：オストミー協会での出会い、マスメディアによる紹介、執筆・講演活動、「生きていくことの大切さ」：癌からの生還に感謝し、生涯現役で社会に恩返し、ということになろう。特に七十歳を過ぎて、講演の機会が与えられるということは、誠にかたじけない極みと感謝している。

2 特別講演2・「回腸導管――医師として、オストメイトとして――」

こちらは午後二時から第一会場で行われた。演者は岡田清巳氏、抄録集によると、一九三六年のお生まれで今年の誕生日が来れば七十九歳。一九六一年に東大医学部を卒業後、泌尿器科医としての修業を開始。一九七四年に日本大学助教授に就任、その後、教授、病院長を歴任され二〇〇三年に定年退職、現在、名誉教授という御経歴である。座長で、お弟子さんの斎藤忠則会長の演者紹介にて講演を始められた。

高い演台からどうにか顔が出るほどの小柄ながら背筋も伸びて矍鑠《かくしゃく》としておられる。講演は、第一線の臨床研究者として学会を牽引してこられた経験から、まずはウロストミー（人工膀胱）の歴史から始められたが、声もよく通ってお若い印象であり、その立ち姿を拝見するだけでも多くの聴衆、特にオストメイトの励みになろうというものであった。以下に講演要旨を述べる。

そもそも泌尿器とは尿の分泌と排泄を司る器官で、腎臓・尿管・膀胱・尿道より成っている。腹部中央背部に存在する左右一対のこぶし大・そらまめ状の腎臓では、流れてくる血液を濾過し、尿を一日一・五リットル生成する。この尿は尿管を通って下行して、膀胱に運ばれ、一定量が溜《た》まると脳からの指令で尿道を経て体外に排泄されることになる。一方、癌などで膀胱が無くなると遊離端となってしまった尿管の尿路変向が必要になるが、この処置がウロストミー（人工膀胱）と呼ばれるものである。このウロストミーを含む尿路変向全般を通覧すると、コロストミーの開始に遅れること約百年の一八五二年にSimonが先天性奇形である膀胱外反症に対して尿管を直腸に移植したというのが著明な医学雑誌Lancetに記載されているという。そして、その後、後述する多くの尿路変向術が試みられてきた。

一方、氏は三年前の二〇一二年に肉眼的血尿に見舞われ、検査結果から表在性の膀胱癌と診断され、BCG膀胱内注入療法を受けられた。一時寛解したが、再燃し、進行性の膀胱癌に進展し、膀胱全摘・尿路変向の絶対的適応となった。

膀胱全摘後の尿路変向術として、①尿管の末端を外皮に貫通固定する尿管皮膚瘻《ろう》、②回腸の一部十五センチほどを用いて輪切り状にした一方を縫合し尿管をこの回腸に吻合《ふんごう》して、片側の回腸端をストーマ孔とする回腸導管および③袋状に縫い合わせて脱管腔化した小腸を用いる新膀胱造設術からの三択の決断を迫られた。

尿管皮膚瘻は腸管の利用がなく、手術時間が短いが、尿管狭窄《きょうさく》の頻度が高く、また平坦型ストーマで皮膚障害の頻度も高く、管理しにくい。また新膀胱ではストーマ管理が不要で自排尿が可能だが、手術時間が長く、排尿管理が必要とされる。一方、回腸導管では腸管合併症はあるものの、ストーマが単一、凸型ストーマで管理しやすく尿管狭窄が少ないとして、最終的に本術式を選択された。この根拠をさらに詳しく述べると、心臓バイパス手術の既往による新膀胱手術侵襲の過重負担、本術式の安定性と術者の豊富な経験、少ない術後合併症、専任ナース（WOCN）の躍進・活躍（註：現在、二千四十名が認定）、およびストーマ装具の進歩を挙げておられる。

こうして、二〇一三年五月に膀胱前立腺全摘除術、リンパ節郭清および回腸導管造設術を受けられ、経過良好にて経過観察中である。

全くの専任領域で発癌されることは奇遇とも言えるが、氏は若い時代に発癌物質のベンチジンを用いての膀胱発癌実験をしていたことを自己の発癌要因に挙げておられる。そして、医師でありオストメイトでもある自己へのメッセージとしてHeisterの言葉（一七四三年）を引用・自訳し「身体の　一部の機能　失うも　生命の価値に　勝るものなし」と詠んでおられた。敢えて、癌発症とオストメイトを公表されたことは誠に清々しく、聴衆に感銘を与える五十分間の講演であった。名誉教授オストメイトとしては共通する筆者にとっても今後の自身の講演への決意を新たにする機会となったことに感謝したい。

その後、最後のシンポジウム「地域につながるストーマ～誰が支える退院支援・継続ケア～」が三時から五時半まで行われ、全ての講演が終了した。閉会式で斎藤会長から挨拶があり、全参加者が二千二百四十五名と前回の仙台での一千八百余名を超えて過去最多になったことが発表された。誠に慶賀の至りであり、オストメイトの立場からも本学会の存在は心強い限りである。

二　一五Kでのドンジリ完走に気付くも、迷惑をかけてないから「まあ、いいか」

（平成二十七年四月十八日）

今まで市民マラソンに参加して最後尾走者になってしまったことは平成十九（二〇〇七）年九月十五日の宮城蔵王マラソン二〇Kの一回のみである。その時は制限時間が二時間と短く、筆者の後方を走っていた数人の走者が途中の関門で収容されてしまい、結果として最後尾走状態になっていたと完走後に気付いたのであった。それでもゴールまでに一人抜いて一時間五十五分四十三秒で完走したので最終的にはビリではなかった。従って、実際に最後尾完走者になったことは一度もないと確信し、疑うことなど全くなかった。ところが、平成二十七（二〇一五）年四月十八日の筆者の古稀前日に開催された皇居一五Kマラソンで、これが根底から覆される事実にやっと気付かされたのである。まずはその顚末を述べたい。

1　これからは常に「これが最後の一五Kラン」と思って

平成二十四（二〇一二）年十一月に久し振りの復活フルマラソンを完走し、次回もと思ったが身体が限界で悲鳴を上げ、結局、翌・平成二十五（二〇一三）年は九月の三〇Kが最長種目となった。さらに昨・平成二十六(二〇一四)年十月にはこれが最後のハーフと思って完走したが、今年に入ってもう一段短い一五Kがその対象種目になってしまった。皇居の一五Kランは制限時間が二時間で、現在一時間四十分台後半の筆者にはまだいけると思うが、それほど充分な余裕がある訳でない。事実、一月二十四日の一五Kでは一時間四十九分二十四秒であり、今回は本当に「これが最後」という気持ちで臨むことにしたのである。

2 平成二十七(二〇一五)年四月十八日(土)皇居ラン：無事、時間内完走す

出走時刻が九時半なので、九時前に桜田門の時計台広場に行って受付をしたところ、係の方から今回で東日本大震災復興支援ランは二十回出場になるので開会式に記念品を渡すと言われた。もう、そんなに参加したのかというのが素直な感慨であった(完走後、自宅で調べたところ実際には、十六回出走し、四回キャンセルだった)。

そして、九時からの開会式で主催者から紹介され、被災地の女性が手編みで作った小物と添付の手紙の入った封筒を記念品としていただいた(手紙の内容は第一章の巻頭参照)。これで気分が高揚したところで、まず九時三十分に一五Kとリレー(五K×四名の二〇K：制限時間は一五Kと同じ二時間)の第一走の約七十名ほどが出走した。反時計回りでわずか数百メートル走ったところで集団から完全に置いていかれ、筆者の後方には一キロ過ぎで追い抜いていった女性一人だけだったで

あろう。

さて一周した時点での五キロのスプリットは三十五分余であり、これで概ね完走が確信できた。ところが、六キロ地点付近からスタッフのランナーの方が筆者のすぐ後方で密着伴走をし始めたのである。これはすごく気になり、自分のペースで走る気分になれない。車で言えば「あおり運転」をされている感覚である。しかし元を正せば、そのスタッフの方は役目として伴走しておられるのであり、どんじりを走る筆者がいけないのである。時折、コースの道を蛇行したりしてみたが、やはりピタッとついてこられる。そこで二周終了時に計時の係の方に「後ろの伴走が気になる」と話したところ、その後は少し距離を空けていただき、気にならなくなった。

二周目のスプリットは三十七分であり、これで確実に時間内完走が確信できた。三周目の三・五キロ地点にある千鳥ヶ淵公園内で給水をしていたところ、伴走の方が走り抜けていった。そして四キロ地点の係の方と「すぐ後方に一五Kの最終走者がいる」といった内容の話をしているようであった。実際に、筆者の前方に一五Kのランナーと思われる姿はかなり早い時点から認めることができず、後ろ一人旅状態だったのである。そして、最後は少しペースをあげて三十六分のスプリットで走り一時間四十七分五十六秒でゴールすることができた。ゴール後は多くの係の方から声を掛けられ満足であった。

3 実際にどんじりだったのか？

一般的な市民マラソンコースでは最終走者の後ろに伴走がつく場合が多く、すぐに自己認識できる。しかし、皇居マラソンではほかの主催レースと一緒になったり、自主的な集団あるいは個人のランナーが走ったり、また今回のレースでは五分後に五Kと一〇Kの選手が走ってくるので、コースは混然として誰が最終走者か特定し難い。従って筆者が実際にどんじりであったかどうかは後日、ネットに公開される公式記録を待つしかなかった。

そして二日後の二十日午後にネット公開された記録を見て、やはりどんじりであることが確認された。しかもラスト2の選手から何と十七分二十三秒の遅れであり、これでは密着伴走されるのはやむを得ないかと納得した。そう言えば、前回の際にもスタッフ・ランナーから妙に声を掛けられたのはそのせいだったのではないかとの疑念がわき上がり、東日本大震災復興支援ランの一五Kに参加した二〇一四年以来の記録も併せて遡って検索してみた。その結果、検索できた八回のうち、前回を含め四回がビリだったのである（表1：28ページ）。この表から分析すると、今回は遅い選手がおらず相対的にハイレベルだったと言える。

この結果からの今後の展望であるが、時間内完走をしている以上、遠慮することなく参加することを改めて決断した。幸い、リレー三十四組の第四走者のうち七名が筆者より遅くゴールしており、時間的に主催者に迷惑をおかけしていないので、今後も力の続く限り、超・後遅走を楽しんでいきたい。

表1：東日本大震災復興支援ラン一五Kでのどんじりレース（八回中の四回）

開催年月日	完走者数	筆者の最下位記録	前走者との差
一．二〇一四年一月一一日	一七名	一時間四二分二〇秒	七分三四秒差
二．二〇一四年二月一日	一二名	一時間三八分一三秒	四分二四秒差
三．二〇一五年一月二四日	二一名	一時間四九分二五秒	三分一九秒差
四．二〇一五年四月一八日	三二名	一時間四七分五六秒	一七分二三秒差

三　週末日帰りで、奇跡の一本松を訪問

（平成二十七年五月二十三日）

未曾有の被害となった東日本大震災から四年余が経過した。大震災のあった平成二十三(二〇一一)年三月十一日(金)は筆者にとっては退職直前の日であり、あの日の六日前の三月五日(土)には医学科主催の退職記念講演会、また、八日後の三月十九日(土)には教室主催の退職記念会が開催された。従って、震災後の復興は筆者の定年後と軌を一にしている。

震災発生時のテレビ映像は目を疑うほどの大惨状であり、正に声を失うとはこのことであった。当初は義援金や支援物資を提供するのみであったが、早期に一度は訪れたいとの思いはあった。ただどういう形かと言えばボランティアが至適であろうことを考えると躊躇せざるを得なかった。そんな折に、第一章の巻頭に書いた被災地からのメッセージが背中をぐっと押してくれたのである。

こうして、四年余が経過してしまったが、まずは復興のシンボルとなっている「奇跡の一本松」を取りあえず日帰りで訪問することにした。決して観光気分ではないとの思いから、前日にはヒゲを剃り、当日には背広・ネクタイ姿で威儀を正して出発することにした。

1

平成二十七年五月二十三日(土)：正午過ぎ、遂に一本松の下に（写真1）

現地での昼間の滞在時間をできるだけ多くするため、経由駅の一ノ関に行く東北新幹線下りの一番列車・東京駅六時四分発のやまびこ41号に乗車することにした。そこで、早朝の四時半に起床。簡単な朝食後、自宅最寄りの東急線洗足駅から五時四分に乗車し、目黒駅でJRに乗り換え、東京駅には五時半過ぎに到着した。

新幹線ホームに移動し、当該列車の自由席に乗ったが、座席には充分な余裕があった。定刻に発車後、やっと被災地を訪問できるという実感が湧いてきた。そして車窓から見える風景をボーッと見ているうちに、二時間半があっという間に過ぎ、岩手県の一ノ関駅に八時三十七分に到着した。在来線の東北本線と大船渡線のホームに移動したところ、急にローカル色豊かになった。二両編成の気仙沼行き列車が五分前に入線し、定刻通り九時十分に出発した。

写真1：被災地訪問の最初とした陸前高田市の「奇跡の一本松」。以後、真夏でもネクタイ着用で、被災地に敬意を表してきた。

基本的には三陸海岸に向かうので東方向であるが、路線が大きく二回蛇行し、終着の盛駅《さかり》に向かって北に跳ね上がる形なので、ドラゴンレールの愛称がある。曲がりくねりのマイナスを逆手に取ったネーミングと言える。そして、あの３・11以降は途中の気仙沼駅から先の線路が破壊され、バスによる代行運転（BRT：bus rapid transit、高速バス輸送システム）となっており、気仙沼が列車の終着駅となっている。同駅まで六十二キロの所要時間は一時間二十四分、単線区間で、途中の十二駅は全て一ノ関市内の無人駅であった。かと言って全区間が田園風景という訳ではなく、景勝地の猊鼻渓《げいびけい》とその前後の駅では開けた街並みを左手に見ることができた。

県境を越えて宮城県の気仙沼駅に十時三十四分着、ここからは線路が撤去されバス専用にアスファルト道路化されたホームで乗り換え、十時五十八分に一路、一本松に向かった。そして再び県境を越え、今度は岩手県陸前高田市に入り、三十分ほどの乗車で目的地に到着した。

当バス停の「奇跡の一本松」はこれまで仮設であったが、陸前高田市では観光客が最も多いため、常置に昇格している。ここから案内板に従って歩き、ほどなく一本松を見上げることができた。景勝・高田松原の約七万本の中で唯一残った勇姿を仰ぎ、深い感慨があったが、一本松茶屋で購入した震災記録写真集によると二十八メートルの高さは震災前から周囲の松よりも頭一つ抜けており、その後方の破壊された陸前高田ユースホステルと見比べると、力強いザ・ラストワンの崇高さが際立っていた。しかし、震災時に海水が浸漬《しんせき》し枯死の可能性が高くなったことで、現在は人工処理されているが、それでも復興のシンボルとして立っている意義は大きいと思った。一本松の近辺一帯には土砂運搬用と思われる高架のベルトコンベヤーが張り巡らされ、また多数の運搬用トラックも稼動しており、日々、姿を変えているようであった。

話は変わるが、筆者は教授に就任して以来、ずっと日記を書き続けてきた。トップとして自己と対話する必要性を感じたからである。そして定年に際し、それまでの日記名の「ジョギング日記」から「一本松日記」に変更した。定年後は、「山の上の一本松になったんだと自覚し、風当たりが強い中でも強い気持ちで生きていく（田中真澄著『50歳からの定年予備校』講談社）」との思いからであった。そういう意味からも被災地の初訪問地は一本松が必然であったと思っている。陸前高田市の人口二万四千人余の中から犠牲者一千七百五十七名という、他の三陸沿岸地区と同様、甚大な人的被害が出たことに思いを致しながら、十二時三十五分に気仙沼に戻るバスに乗った。合掌。

2　気仙沼ではあの第十八共徳丸の件を思う

気仙沼駅には午後一時過ぎに戻った。滞在時間が三時間ほどあったので、駅前のレンタサイクルを借りることにした。係の方から視察スポットを聞いたところ、南町紫市場、復興屋台村、お魚市場や海の市などを推奨された。

日本有数の漁業の街、気仙沼市も人口七万三千人中の犠牲者一千三百五十八名、住宅被災棟数一万五千棟と大きな被害を受けた。厳粛な気持ちで東の港方面に向かって一・五キロほど下って行ったところ、津波被害を受けた内湾地域もかなり復旧しているように感じられた。それでも家屋が流されてそのままの、あるいは嵩上げされた更地が散見された。その中で、鉄筋の家屋がそのまま波に持ち去られたと思われる場所に千切れた無数の鉄筋が港方向に倒れていたのが印象的で、引き波の凄まじさも垣間見た思いであった。また仮設の復興住宅商店街では、屋台村がイベントを開催して、活気を呈していた。

ところで気仙沼の被災と言えば、大型漁船の第十八共徳丸が幾多の打ち上げられた船舶の中で最後まで残り、「震災遺構」にするか否かで議論があったことが思い出される。全長六十メートル、総トン数三百三十トンの船が港から七百五十メートルも内陸にまで流された光景は津波の凄まじさの名残としてインパクトがあったが、市民の七割が撤去に賛成とのことで、震災から二年半後の平成二十五(二〇一三)年十月に撤去が完了した。被災者の方々にとっては辛い思い出と直結する巨体が本来、居るべき漁港ではない所にいつまでも居るのは耐えられないことだったのだろう。ちなみに残り三割の方は「そのまま残すべき」と「撤去後、何らかのモニュメントを設置すべき」が半々であった。よそ者の筆者に意見を許されるならば、その後者でも良かったのではと思った。

気仙沼駅に戻り、午後四時二十一分発一ノ関行きの列車に乗車して帰途に就き、今回の被災地初訪問の旅は終了した。第一章冒頭で宮城県山元町のともこさんが手紙で書いておられたように、「……どうか3・11を忘れないで下さい」の言葉を胸に、復興祈念の思いを持ち続け、また被災地を訪問したいと思っている。

四　大腸癌研究会は本邦における臨床研究の推進中枢だった

（平成二十七年七月三日）

平成二十五(二〇一三)年五月三十日に開催されたオストミー協会東京支部の「オストメイトの集い」で、筆者は体験談を発表した後に直腸癌の治療法に関してかなり専門的な質問を受けた（第六編二三項）。自分はそこまでの知識を要求されているのかと衝撃を受け、それまでの癌治療学会の大腸癌セッション視聴に加えて「大腸癌とストーマ関連の学会・研究会」の視聴を決意したのであった。そして同年十一月の大腸肛門病学会、翌・平成二十六(二〇一四)年一月のストーマ・排泄リハビリテーション学会、同年五月の創傷・オストミー・失禁管理学会、九月の東京ストーマリハビリテーション研究会とハシゴ視聴したが、さらにもう一つ、「大腸癌研究会」というのが気になっていたので、今回参加してみることにした。

1　大腸癌研究会の目的と事業

本研究会の会則等を参照してみると、「本研究会は、大腸癌の診断・治療の進歩を図ることを目的として一九七三年に設立された、日本の大腸癌の研究・診療を牽引する研究会です。大腸癌に関するさまざまな研究を行い、治療ガイドラインや取り扱い規約を作成しています。また、全国の大腸癌の研究・診療に従事している方々、さらに一般の方々への情報発信にも力を入れています」とし、この目的を達成するため、㈠年二回の研究会の開催、㈡「大腸癌取り扱い規約」の充実を図る、㈢大腸癌に関する統計、資料の収集および提供、㈣その他本会の目的を達成するために必要な各種委員会およびプロジェクト研究などの事業、の四事業を掲げている。

2 平成二十七（二〇一五）年七月三日㈮研究会当日：主題を二つに絞っての正に「コンセンサス・ミーティング」だった

前夜は空路で福岡空港に入り、久留米方面行き高速バスで、西鉄久留米駅で下車。歩いて数分の久留米ワシントンホテルプラザに午後八時前に投宿した。本日の研究会は午前八時からモーニングセミナーが予定されており、七時前には起床と予定していた。しかし、一週間前に東欧旅行（次項参照）から帰国したばかりで時差ぼけ状態から脱しておらず、結局、目覚めたのは七時半だった。急いでチェックアウトし、タクシーで会場の翠香園ホテルに向かい時間前に到着することができた。受付で当日会費を払い、プログラム・抄録集を購入して、取りあえず三階の第三会場に行ったところ、サンドイッチの軽食が用意されておりラッキーであった。そこで、やっと落ち着いてプログラム欄を見てみると、一般講演は二つの主題演題（主題Ⅰ．大腸鋸歯状《きょしじょう》病変の癌化、主題Ⅱ．切除可能な遠隔転移を有する大腸癌における外科治療の位置づけ）のみで、かつ特別講演や教育講演もなく、かなりユニークな研究会であることがわかった。

3　午前は主題Ⅱ、午後は主題Ⅰの演題が集中して延々と……

主会場の第一会場に戻ると、世話人である久留米大学消化器内科の鶴田修教授の挨拶があったが、「本日は主題Ⅰが二十七題うち口演十六題、主題Ⅱが百二十三題うち口演二十四題で、ほかは示説です。宜しくお願いします」とあっけないほどのものであった。そこで、改めてプログラムを見てみると世話人の挨拶文もなく、口演は発表四分、討論三分と本研究会は不要な部分を可及的に削ぎ落とした極めて実質的で目的志向オンリーの会であることがわかった。

そして、午前の主題Ⅱでは、近年、肝転移が複数あっても手術が良いということが推奨されており、それを裏付ける発表や討論が延々三時間近くにわたって行われた。筆者も自身の病変として従来から視聴を重ねており、概ね理解できるものであった。正午からのランチョンセミナーとそれに続くアフタヌーンセミナーを拝聴したのち、主題Ⅰが開催された。表題の鋸歯状病変とは、病理組織学的に病変表層部がそのものズバリ「のこぎりの刃」状を呈するもので、女性の右側結腸に発生し易い前癌病変の一つとされており、集中発表と討論が行われた。引き続きアンケート報告が行われ、二名の代表から鋸歯状病変の癌化率は三・一%、圧倒的に右側結腸に多く、女性優位。内視鏡的には粘液、発赤《ほっせき》、陥凹、二段隆起型が多いと報告された。

さらに、その後に主題ⅠとⅡの総合討論が各三十分ずつ行われ、念には念を入れた最新情報の共有化が図られた。最後に、表彰式と閉会の辞と続き、閉会となったが、色々な面で初体験となるユニークな形式の研究会であった。本研究会のさらなる発展を祈念して、午後五時半に帰途に就いた。

4 食生活の西欧化で急増する大腸癌に真摯に対応した結果、治療成績は世界一に

大腸癌研究会が発行する大腸癌取扱い規約は昭和五十二(一九七七)年の初版以来、平成二十五(二〇一三)年までに八版を重ねられた。平成六(一九九四)年の第五版の序文で規約委員会委員長である近畿大学第一外科の安富正幸教授は「この大腸癌取扱い規約の作成に取りかかったのが一九七四年であるから丁度二十年が経過したことになる。この間、この規約に従って大腸癌が記載され、診断・治療が討論された結果、多くの新しい知見が得られた。二十年前には欧米先進国より三十年も遅れていると言われたわが国の大腸癌の診断と治療は世界で最も進んだ国になることができた」と記述され、高らかに治療成績世界一の宣言をしておられる。幸か不幸か、一九六〇年代半ばからの高度経済成長と共に食生活が西欧化し、それにつれて大腸癌が急増したことから、その治療面からの対応に迫られた結果とも言えよう。その後も本研究会が快進撃を続けておられることに、その恩恵を享受して生還できた我々大腸癌サバイバーは感謝の意と敬意を表したい。

5　大腸癌・ストーマ関連の学会／研究会とその特徴（表2）

これで大腸癌・ストーマ関連の学会／研究会は全て参加したことになる。癌治療学会の大腸癌セッションを含め六つの学会／研究会の特徴を一言でまとめると表2の如くである。大腸癌サバイバーでオストメイトである筆者としては、今後はストーマ関連の二学会を中心に参加していくこととした。

表2：大腸癌・ストーマ関連の学会／研究会とその特徴

①	癌治療学会大腸癌セッション	抗癌化学療法効果の臨床治験成績
②	大腸肛門病学会	難病である炎症性腸疾患（ＩＢＤ）の治療法の推進
③	大腸癌研究会	大腸癌の治療ガイドラインと取り扱い規約の作成
④	ストーマ・排泄リハビリテーション学会	ストーマ造設とそのケア
⑤	東京ストーマリハビリテーション研究会（右記学会の東京支部）	
⑥	創傷・オストミー・失禁管理学会	三領域に関する看護師の学会

五　「命のビザ」関連四施設を集中歴訪す

（平成二十七年六月二十三日～十二月五日）

毎年、実施している夏の海外旅行に今年はポーランド／バルト三国八日間を選んだ。大きな決め手はないが、昨年は米国東海岸を再訪したので今度はヨーロッパの未訪問国にした次第。ユダヤ人強制収容所のアウシュヴィッツ等は入っておらず、今回は単なる物見遊山かと思ったが、ガイドブックを見てリトアニアに杉原千畝（通称「センポ」）氏が「命のビザ」を発行した記念館の訪問がコースに入っていることを知り、俄然、これを目玉にすることにした。

杉原千畝氏の名前を知ったのは関口宏氏のテレビ番組「知ってるつもり?!」からで、ネットで調べてみたら、二十四年前の平成三（一九九一）年七月七日に放送されていた。外務省の指示に背いてまで、ユダヤ人のために日本通過ビザを書き続けたという内容に、「我が国にもこんなに素晴らしい外交官がいたのか」と感激したことを鮮明に記憶している。

1　領事として赴任するまでの年譜

氏は明治三十三（一九〇〇）年一月一日、岐阜県加茂郡八百津町北山（現・美濃市）にて父好水《よしみ》、

母やつの次男として出生。父が税務署勤務で相次ぐ転勤のため、明治三十九（一九〇六）年四月、三重県の桑名小学校に入学後、二度の転校を経て、明治四十五（一九一二）年四月、愛知県立第五中学校（現・瑞陵高校：名古屋市）に入学（余談ながら筆者の母校、一宮高校は旧愛知六中）。同校卒業後の翌大正七（一九一八）年四月、早稲田大学高等師範部英語科予科に入学。大正八（一九一九）年七月、外務省の留学試験に合格して早稲田大学を退学し、ハルビン学院に留学。大正十三（一九二四）年二月に外務省書記生として採用されて以降、外交官としての実績を重ね、昭和十四（一九三九）年八月二十八日に新設されたリトアニア・カウナスの日本領事館に三十九歳で着任した。

2　ヨーロッパの緊迫した情勢とビザ発行を決断した時

ヨーロッパにおける第二次世界大戦の勃発は昭和十四（一九三九）年九月一日、その八日前の八月二十三日にナチスドイツとソ連は独ソ不可侵条約という密約を結び、両国の間にある東欧諸国の分割併合を謀る。実際に九月十七日にポーランドは両国に二分され、国を失っている。一方、リトアニアには十月十日にソ連が駐留。翌昭和十五（一九四〇）年六月十五日に侵攻し、八月三日に併合している。

杉原氏が領事代理（副領事＝一人領事）として在カウナス（当時、ヴィリニュスに替わってリトアニアの首都）領事館に赴任したのは前述のように昭和十四（一九三九）年八月末。在留邦人が一人もいない同国に領事館が開設された目的は、日独伊三国間条約が締結される昭和十五(一九四〇)年九月二十七日以前のドイツと敵国のソ連の動きを収集するのが第一義だったと言われている。そして運命の昭和十五年七月十八日朝、領事館周囲が人の群れで覆い尽くされていた。代表者を招き入れて事情を聞いてみたところ、ポーランドからナチスの手を逃れて来たユダヤ人たちが、日本通過ビザを求めていることがわかった。彼らはナチスに捕まればガス処刑室、ソ連に捕まればシベリア送りの極めて過酷な人生が身近に待ち受けていた。氏は日本外務省に何度も発行伺いを打電するが、「ノー」の返事。既にソ連からは八月中の立ち退きを要求されており、最後の決断を迫られた。そして七月二十九日から意を決してビザを書き始め、九月五日朝、国外退去のため、カウナス駅からベルリン行国際列車で出発する直前まで書き続けたビザは二千百三十二通、家族で一通であったので合計約六千人に発行された。

人の評価は後世に委ねられると言われている。八十五歳時にイスラエルから「諸国民の中の正義の人賞」を受賞し、八十六歳で逝去したのち、その人道的行為が明らかになると国際社会からも高く評価され、この領域では世界で著明な唯一の日本人となっている。

3 国内外の関連四施設を歴訪することに

六月二十二日(月)旅行第三日：ポーランドからリトアニアにバスで移動

ポーランドは中～東欧では最大の面積を有しており、その殆どが平地（ポーランドとは平原の国の意）という好条件が逆に災いして、東西の大国から占領されることにもなった。一方、バルト三国は西のバルト海に接し、北からアイウエオ順にエストニア、ラトビア、リトアニアが存在、リトアニア南部とポーランド北東部で国境を形成している。こういった地政学的状況から一九四〇年にポーランドのユダヤ人がリトアニアに逃げ込んだ訳である。なおバルト三国は一九九一年にロシアからの独立を果たしている。

さて、投宿しているワルシャワ国際空港至近のマリオット・ホテルで早めの朝食を摂り、七時十五分に出発した。途中、トイレ休憩や昼食を摂って、午後二時半頃にリトアニアに入国。カイベ湖畔の美しいトラカイ城の見学を済ませ、午後六時に首都ヴィリニュスに入って夕食。ラディソン・ホテルに午後八時過ぎに投宿したが、総走行距離は約四六〇キロと今回の旅行では最もタフな一日であった。

六月二十三日（火）旅行第四日：杉原記念館inカウナス（旧日本領事館）でのビデオ映像に思わず嗚咽（写真2）

いよいよ筆者にとってはお目当ての日、昨日はやや強行日程であったので本日は九時半出発と緩やかにされている。そこで、九時頃にヴィリニュス市街の予習をとガイドブックの地図を開いたところ、ホテルの隣に「杉原千畝の碑・桜の園」があることがわかった。これを逃しては一生の悔いと思い、急いで市の中心を流れるネリス川の河川敷に行ってみたところ、男性が私を見て大声で何

写真2：リトアニアの首都・ヴィリニュスにある杉原千畝氏の顕彰碑。氏が領事として従事した旧・日本領事館は約100キロ西方のカウナスにあり、現在は杉原記念館。

かわめいている。そこで「ス・ギ・ハ・ラ」と言ったところ、左手奥を指さしてくれた。早速、そちらに走ってみると確かに氏の顕彰碑が建っていた。大きさは縦横二メートルほどで左半分に氏の横顔、右半分に二つの顕彰文があり、上は日本語と英語、下は多分リトアニア語で書かれており、母校・早稲田大学が二〇〇一年十月に建立し、周囲に桜の植樹もしたものであった。氏の在学期間は一年数ヶ月と短いが早稲田精神に合致しているのであろう、校友として最大級の敬意が払われていた。そして、急いでホテルに戻ったところ、結局は、同行のガイドさんの好意でグループ全員にこの碑が紹介された。まずは幸先良い始まりである。

　午前中は市内観光、そして昼食を摂り、約百キロ西方にある第二の都市、カウナスに向かい、午後二時前に到着。ここでは市内観光はせず、杉原記念館一点に絞っての訪問であり、大納得であった。閑静な住宅街の雰囲気のバイズガンド通りをしばらく歩いて記念館に到着した。この地は旧・日本領事館があった場所で、リトアニアとベルギーの知識人や実業家によって二〇〇〇年に旧・日本領事館の外形で再現・設立された。そして一つの建築物の中に、ヴィタウタス・マグヌス大学のアジア研究センターが右半分、記念館が左半分を占める構造となっている。

午後二時過ぎから色々な資料や再現されている執務室のある館内の視聴室に通され、まずは日本語で十五分間のビデオを鑑賞した。その最後のシーンで、一九三九年九月五日のベルリン行き国際列車が動き出すまで、開いた車窓からもビザを書き続け「許してください。私はもう書けない。皆さんの御無事を祈っています」の言葉を残し、遠ざかって行った場面では思わず嗚咽してしまった。感動した流れで二十ユーロの寄付と共に、売られている参考資料の大方を購入した。そして、執務室を再現した椅子に座ったところを家内に撮ってもらい、記帳ノートには「杉原さんありがとう。あなたは日本人の誇りです（筆者）」、「すばらしいDVDに動かされ、涙が止まりませんでした。本当に有り難うございます（家内）」と書き、大満足のうちに記念館を後にした。感動冷めやらないバスの車中で先ほど購入したガイドブックを見たところ、日本国内の関連記念館として外務省外交史料館、生誕の地・岐阜県八百津町の記念館および実際に六千人が降り立った敦賀港のムゼウムの三つがあることがわかった。これは「灯台下暗し」の誹《そし》りを免れないと思い、帰国後にできるだけ早く訪問することにした。そして色々と日程を考えた末、以下の如く、七月七日と十一日に訪問を決行したのである。

七月七日(火)　国内施設訪問の第一弾として近隣の外務省外交資料館を選択：杉原氏の国際的評価への対応の遅れを生誕百周年を機に修復、遺族と和解

外交史料館への最寄り駅は地下鉄南北線の六本木一丁目駅で自宅至近の洗足駅から直通と至便であり、昼の休憩時間を利用して訪問した。入り口で記名をし、ロビーに入ったところ、「勇気ある人道的行為を行った外交官杉原千畝氏を讃えて」と書かれた目測で三十×五十㎝大の顕彰プレートが設置され、資料も展示されていた。筆者も氏の行為がやっと報われたことにほっとする思いで見つめ、当時の松岡洋右外務大臣の「ビザ発行はノー」の返信電文の内容等も書き写して一時間半ほどで帰途に就いた。杉原氏の件では、外務省は憎まれ役・敵役という役回りになってしまったが、これで大団円ということであろう。

すなわち、昭和二十二(一九四七)年、日本に帰国した杉原氏を待っていたのは外務省からの「訓令違反による解雇（と氏は認識)」。一方、外務省は後年になっても余剰人員の整理の一環でペナルティではないとの見解にこだわった。国際的評価が高まり、氏への再評価・名誉回復への外圧の中、やっと生誕百周年を期して氏の顕彰プレートと資料を当館ロビー内に特別に展示処遇することで和解・決着がついた。リベラル派の河野洋平外務大臣だったからできたことかも知れない。

河野外務大臣挨拶の主要部抜粋（平成十二年十月十日：顕彰プレート除幕式）

本日ここに故杉原千畝の偉業を称える顕彰プレートの除幕式を開催できたことは、私にとりまして、大きな喜びでございます。特に故杉原氏と一緒に言葉には言い表せない御苦労をされました幸子夫人に御臨席を頂けたことは、本当に嬉しいことでございます。望むらくは、故杉原氏が御存命中にこのような式典ができておれば更に良かったと、こんなふうに思っています。これまでに外務省と故杉原氏の御家族の皆様との間で、色々御無礼があったこと、御名誉にかかわる意思の疎通が欠けていた点を、外務大臣として、この機会に心からお詫び申しあげたいと存じます。

「勇気ある人道的行為を行った外交官」として知られる故杉原氏は、申し上げるまでもなく、在カウナス領事館に副領事として勤務されている間、ナチスによる迫害を逃れてきたユダヤ系難民に対して日本通過のための査証を発給することで、多くのユダヤ系難民の命を救い、現在に至るまで、国境、民族を越えて広く尊敬を集めておられます。日本外交に携わる責任者として、外交政策の決定においては、いかなる場合も、人道的な考慮は最も基本的な、また最も重要なことであると常々私は感じております。故杉原氏は今から六十年前に、ナチスによるユダヤ人迫害という極限的な局面において人道的かつ勇気のある判断をされることで、人道的考慮の大切さを示されました。私は、このような素晴らしい先輩を持つことができたことを誇りに思う次第です。（以降、略）

七月十一日（土）八百津町と敦賀市を同日訪問：それぞれに特徴を提示

本日の予定はかなり強行日程で、八百津町と敦賀市を訪問してから、本日の最終目的地で明日に講演を予定している金沢には午後六時頃に到着せねばならない。東海道新幹線の品川始発六時ののぞみ99号が一番列車なので、それに間に合うよう洗足駅を五時十七分に乗車した。新幹線は定刻通り名古屋に七時二十八分に到着するも、ここから記念館までの道のりはまだまだ長い。名鉄名古屋駅に移動して、七時四十二分に犬山線に乗車、新可児《しんかに》駅から広見線に乗り継いで明智駅に八時五十分着、待ち時間なくYAOバスに乗り換えて終着のバスセンターに九時十六分着。そこからタクシーで九時二十五分に目的地に到着した。五時十分に自宅を出てから四時間十五分を要したことになる。

八百津町は岐阜県の美濃地方の北東部にあり、近くには丸山ダムがあることからも山間部に近い地域であることがわかる。この丘陵地に氏の功績を称える広範囲の「人道の丘公園」が建設されたのは平成六(一九九四)年で、六年後の平成十二(二〇〇〇)年に生誕百年を期してその一角の芝生広場に瀟洒《しょうしゃ》な屋根の二階建て記念館が設立されている。開館五分前であったので、まずは隣接するシンボルモニュメントを観光した。水をたたえた三十メートルほどの丸いサークルの中央に噴水、その周囲にパイプオルガンを模したセラミック製の柱が世界諸国数の百六十本、放物線状に立っており、平和のメッセージとして時折、光と音楽を発信していた。さらに広場を散策すると、穏やかな表情の杉原氏の胸像が建っており、八百津町と早稲田大学の顕彰碑が脇を固めていた。また、記念館の脇にはハルピン学院と河野外務大臣からの顕彰碑もあり、四基とも人道の丘公園が建設された一九九四年設置と記されていた。

今日は暑くてこれだけですっかり発汗した後に館内に入ったところ、多くの資料や映像、再現した執務室などかなり整備されていた。その中で最も印象的であったのは、ビザを受給されて明るく安堵の表情の人達と収容所送りとなって陰鬱で無表情の人達の経過が写真パネルで平行して展示されている場所で、対照的な人生ゆえに杉原氏のビザ発給の尊さがより鮮明であった。当館はかなり交通不便な場所にあるにもかかわらず、九時半の開場直後から二十人ほどの入館者があり、関心の高さを物語っていた。十時四十分まで在館した後、往路と同様、タクシー、YAOバスおよび名鉄電車を利用し、名鉄名古屋駅に十二時半過ぎに戻った。

さあ、これから最後の敦賀訪問である。JR名古屋駅に移動し、名古屋駅十二時四十八分発こだま645号に乗って、米原に午後一時十八分着。ここでしばらく待って北陸本線しらさぎ55号に三十分ほど乗り、敦賀駅には午後二時三十分に到着した。敦賀市と言えば、筆者にとっては、五十二歳で急逝された前任教授の出生地であることが繋がりである。その縁で、筆者が一九八八年八月に金沢大学教授として赴任した直後、最初に参加したのが当地での敦賀マラソンである。従ってスタート地点の総合運動公園やコース途中の気比《けひ》の松原の景勝は印象に残っているが、二〇〇一年に最後となる九回目の出場まで「人道の港敦賀ムゼウム」の存在は全く知らなかった。それもそのはず、ムゼウム（パンフレットにはミュージアムのポーランド語読みと解説されているが、皮肉にもホロコーストという辛酸を味わわされた隣国ナチス・ドイツのドイツ語読みでもある）開設は二〇〇八年と筆者が癌を発症した後の教授職晩年で、近場での市民マラソン出場にシフトした頃だったからである。

タクシーで十分ほどで敦賀港に面するムゼウムに到着した。外観が八百津のそれより奥行きがやや小ぶりの館内に入ったところ、一階には大陸の玄関・敦賀港、二階への階段には欧亜国際連絡列車の展示、そして二階にポーランド孤児と杉原千畝コーナーがあった。展示規模が小さいとは言え、当地は実際に六千人のユダヤ難民が上陸した地であり、無料入浴を提供した銭湯など彼らを手厚くもてなした市民のエピソードが数多く展示されていた。そして有力者となった杉原サバイバー達が感激の再訪を果たし、今も感謝の念を表明しているビデオに引き込まれてしまった。その一人で、シカゴ金融界の代表として二〇一三年に訪日した際、奥さんと共に七十三年ぶりに敦賀再訪を果たしたレオ・メラメド氏(82)は上陸当時、敦賀市民から受けた厚遇について「本当に親切で忘れられない感動的な経験でした」と述べ、杉原氏には「たった一人の人間でも世界を変えることができるということを証明した人です」と命の恩人への変わらぬ感謝の意を表明しておられた。また、一九七七年当時の氏の肉声がずっと流されていたが、インタビュアーでフジテレビ・モスクワ支局長の萱場道之輔氏は、「気負いもなく、好々爺《こうこうや》という感じだった」と振り返り、「カウナスでの出来事を淡々と話す姿が印象的であった」と言い残しておられる。大変な苦労を経て、穏やかで満たされた晩年を迎えられたであろうと思うと、この音声に救われる気持ちになった。ここも満足のうちに午後四時に辞し、敦賀駅四時二十五分発のしらさぎ57号に乗車し、金沢に向かった。

以上、今回訪問した四施設の開設年をまとめてみると、生誕百年の二〇〇〇年がキーとなっている（表3：50ページ）。筆者が初めて氏の人道的行為を知った一九九一年以降、却って外務省と遺族との間に確執が生じたり、氏の純粋な人道性に疑問をはさんだりするような意見もあったようだ。高い評価が確定し、これを一般社会に広く知ってもらうべきとして有志や自治体の人達によって記念館建設や展示のための資料収集がなされるに至るまで、結局、十年ほどを要したことになる。そういう意味で今回のリトアニア訪問は時期的に最も良い機会であったかと思う。折しも戦後七十年を記念して、唐沢寿明さん主演による映画が今秋封切りされるようで今から楽しみである。

表3：各施設における資料展示開始年と特徴

カウナス杉原千畝記念館	2000年	ビザ発行の地
八百津町杉原千畝記念館	2000年7月	千畝生誕の地
日本外務省外交史料館	2000年10月	顕彰プレート
人道の港敦賀ムゼウム	2008年3月	難民上陸の地

4　杉原氏のその後

一九四七年の外務省解雇後には得意のロシア語や英語等の語学力を生かし、国際貿易関連の民間会社等で勤務していた。一九六八年、杉原サバイバーの一人でイスラエルの宗教大臣になっていたニシュリ氏が遂に杉原氏の消息を突き止め、杉原氏の会社と東京のイスラエル大使館で再会を果たしたニュースは瞬く間に世界の杉原サバイバーに伝わった。そしてその人道的行為が国内外に明らかになり、八十六歳で亡くなる一年前にイスラエル政府から「諸国民の中の正義の人賞」を授与されたが、受賞者二万五千人余の中で日本人は杉原氏ただ一人である。今や杉原サバイバーはその子々孫々の代に至って四万人とも数十万人とも言われるが、「私は外交官としては間違ったことをしたかも知れないが、人間として正しいことをしたと思っている。同じ状況になれば、また同じことをするであろう」と晩年に淡々と語っておられる。

筆者自身も権力側より同じ庶民の側に立っていたい性格なので、氏の人道的行為には本当に心を揺さぶられる思いで、つい長々と記述してしまった。これで終わりとする。なお、当時の状況を知る参考資料としては夫人の幸子氏執筆による『六千人の命のビザ』（大正出版）がお勧めであろう。

5 ビザ発行に関して杉原氏を支えた人達を克明に描写 平成二十七(二〇一五)年十二月五日：映画「杉原千畝」を鑑賞

封切りを待ちに待った者として、当日朝一番の上映を観ようとTOHO CINEMAS新宿に家内と共に行き、九時三十分から鑑賞した。ストーリーは白石仁章著「諜報の天才 杉原千畝」（新潮選書）をベースに作られており、ヒューマニストである前に優秀なインテリジェンス・オフィサー（国を代表して諸外国の情報収集ないし諜報収集に携わる外交官）であることが全編に流れていた。監督は米国人で父がユダヤ人、母が日系のチェリン・グラック氏、主演の杉原千畝を唐沢寿明さん、妻を小雪さんが演じた。最初のシーンは千畝が満州に外交官として駐在していた時、ソ連と満州が共同経営していた北満州鉄道の経営権を満州単独に譲渡のための交渉であった。ソ連の要求額六億二千五百万円と満州国の希望額五千万円の間に大きな格差があったが、千畝が白系ロシア人ネットワークによって北満鉄道の情報を収集し、一億四千万円まで引き下げさせた。これにより、ソ連からはペルソナ・ノン・グラータ（好ましからざる人物）と見做《みな》され、のちに在モスクワ日本大使館への赴任が拒否され、リトアニアに駐在する大きな伏線となった。

そして外務省の意向に背いてのビザ発行に際し、決断を精神的に支援した幸子夫人、周辺情報の収集やビザ発行の物理的支援をした二人の職員であるポーランド政府スパイのペシュ氏（実在のダシュキェヴィチ中尉の偽名）とドイツ系リトアニア人のグッジェ氏の第一の絆があった。そして、第二の絆は六千人の杉原ビザを所有するユダヤ難民がシベリア鉄道でウラジオストクに到着した際、既に届いていた外務省からの日本への入国拒否の指示に背いて、敦賀への渡航を許可した在ウラジオストク総領事代理の根井三郎氏（杉原氏とはハルピン学院の同窓）に繋がれた。映画では敦賀上陸前に難民が天草丸の船内で喜びの合唱をする場面までが描かれているが、上陸した難民は十日間のみの通過ビザである。最終的に神戸に集まった難民を滞在期限の度に延長させるよう自治体を説得し、無事に海外に出発させたユダヤ学の専門家・小辻節三氏が第三の絆を紡いで、後世に残る人道的行為が完結した（山田純大著『命のビザを繋いだ男』NHK出版）。そして映画では、「外務省をクビになって大変でしたね」の質問に対し、晩年の杉原氏に「いや、若い頃の夢であったモスクワに今いられるから幸せです」（川上貿易モスクワ事務所長、一九六〇～七五）と言わせている。筆者もこれで良かったと思う。感動の余韻に浸りながら映画館を後にした。

六　二回目の被災地訪問は悲劇の大川小学校

（平成二十七年八月十二日～十三日）

今年、平成二十七（二〇一五）年五月二十三日に東日本大震災の被災地を初めて訪問したが（三項）、その一週間後の五月三十日に仙台と石巻を結ぶＪＲ仙石線が再開したという報道を見聞きした。そこで次回は石巻方面を視察しようと決めていたが、当院の夏休み期間である八月十二～十三日に実現した。ただ、前回は「奇跡の一本松」と言われているように復興への希望のシンボルの視察だったのに対し、今回は学校管理下の七十八名の児童中七十四名が津波で亡くなったという最大の学童被災校となった石巻市立大川小学校の視察であり、「何故、学校に隣接する裏山への避難を選択せず、逆に（防災上、むしろ危険と思われる）北上川方面に向かって歩いていったのか」という真相を知りたい犠牲児童の保護者達と、引率した教師（十一名中十名が死亡）の責任を何とか回避して幕引きを図ろうとする市の教育委員会との間で重苦しい会合が今もなお続いており、いささか気が重いのも事実であった。ちなみに地元有力紙の河北新報が提示する「大津波の悲劇」は表４（54ページ）のように九ヶ所で、犠牲者の数は大川小学校が最多である。

表4：「大津波の悲劇」の施設および自治体名と犠牲者数（河北新報）

大船渡市	①さんりくの園54人		
石巻市	②大川小学校84人	③日和幼稚園5人	
南三陸町	④公立志津川病院72人	⑤慈恵園49人	⑥防災対策庁舎20数人
山元町	⑦常磐山元自動車学校25人	⑧ふじ幼稚園9人	⑨東保育園3人

八月十二日（水）大川小学校：背中がぞくぞくして十五分で失礼す（写真3）

東北新幹線東京駅六時三十二分発のはやぶさ1号に乗車したところ、お盆帰省期で全車指定席が完売されていた。八時四分に仙台に到着し、八時十八分発の仙台東北ラインに乗り換えた。塩釜から単線の仙石線に入り、線路を内陸に移設した高城町～陸前小野間を経由して石巻には九時二十三分に到着したが、まずは至便さを回復したことに祝福である。次に駅前でレンタカーを借りようとしたところ予約で一杯であった。事前に大川小学校に行くには車しかないことがわかっていたが、予約を今日にするか石巻宿泊後の明日にするかで思案して出発直前になるまで結論が出なかったのである。二キロほど離れたほかのレンタカー会社に電話するか否かを含めて三十分ほど熟考した末、タクシーの選択を決断した。

石巻市は平成十七（二〇〇五）年の一市六町の大合併で東京二十三区の三分の二に相当する五百五十六平方キロと広域化し、市の東南部に牡鹿《おしか》半島や石巻湾などを含むリアス式の入り組んだ広い海

写真3：生徒74人と教師10人が犠牲となった石巻市立大川小学校の校舎。背中がぞくぞくとして15分で辞す。現役教師の方々がよく訪問されるという。

岸線を有し、海岸線の中央部で女川町《おながわ》の三方を囲むという珍しい地勢になっている。人口は被災前には十六万人余、震災による死者は行方不明者を含め三千六百一名と被災自治体の中で最多の人的被害を受けている。大川小学校は河北支所に属し、北上川流域の河口から四キロ入ったところにあり、市の中心地からは最も離れた場所の一つである。ちなみに北上川は岩手県北部に源を発して南下し、石巻市に入る直前の登米《とめ》市で旧・北上川を分け、洪水防止のため開削された新・北上川から東に向きを変え、大川小学校付近を経て追波湾《おっぱわん》に注いでいる。一方、旧・北上川はそのまま南に流れ、市の中心街を経て石巻湾に注いでいるが、二つの河口付近の流域は共に甚大な被害を被っている。

九時五十五分にタクシーに乗車後、運転手さんの説明を聞きながら、ほぼ旧・北上川に沿って国道33号線を北上した。十五分ほどで旧川と別れ、ほどなく（新）北上川にぶつかって右折し、右岸に沿って国道30号線を東に向かった。そして、新北上大橋を左に見て三角地帯（＝ここが避難場所に選択されたようである）と呼ばれる地点から右手の県道に折れ、少し下がった釜谷地区にある大川小学校に全行程三十五分を要して到着した。大川小学校の校舎は昭和六十（一九八五）年に建てられ、赤レンガとコンクリートの円柱状のモダンな二階建てで、一般的な小学校のイメージとはかなり異なっていたとされる。

（一）大川小学校は異様な静寂の中にその残骸をさらしていた

午前十時三十分、遂に大川小学校の校庭に降り立った。正面の一階建ての円形校舎とその後方でこれを九十度囲むように立つ二階建ての弧状の校舎の外形はほぼ残されており、震災後に校庭右脇に立てられた荘重な祭壇状の慰霊碑が無ければ休日の小学校という外観であるが、何故か背中がぞくぞくしてきた。校舎に近づいてみると、外壁は破壊され、立ち入り禁止となっている内部にはそのまま残った黒板が二つ見られ、一つには花が供えられていた。一方、弧状の校舎から右手方向に続く通路の屋根は残骸となり、その先にあったであろう体育館はすっかり消えていた。次にさらに右手にある裏山に行ってみた。震災当日の午後二時四十六分の地震発生から三時三十七分の津波到来までの五十一分間、校庭に集められた生徒から「山さ、逃げよう」との再三の発言があったという、その裏山は震災後四年余を経て簡単に登って行けるような小道は確認できなかったが、その左手方向には生徒が椎茸栽培をしていたという裏山脇の林道があり、逃げるとはこちらを指していたのかも知れない。

実際に教師に引率された生徒達は校庭を出て、北上川右岸の三角地帯に向かった直後に津波に襲われたが、隊列の後方にいた先生一人と生徒四名がこちら方向に逃げて助かっており、最初からこちらに避難していれば助かっていた可能性は高いと判断される。一人生存している先生（その時は校長不在で、教頭に次ぐNo2の教務主任）の会見は震災後しばらくして一度だけ行われたが、「裏山の倒木の危険性があったのでこちらを選択した」といった主旨の発言後には殆ど机に突っ伏したまま取り乱し、その後は一切「公」の場には出ていないという。亡くなった生徒の親御さん達は、地震後から津波が来るまでの五十一分の間に一体何があって三角地帯方面への避難（＝にはならない？）の道が選択されたのかという真実を知りたい一点であるが、この点での発言が二転三転する市教委との間でいたずらに時間が経っているようである。生存した先生は職を賭しても真実を語る責務があると思われるが、それは自身を含む同僚の先生の選択の非を認め、ひいては市教委の監督責任が問われることになり、勇気と決断が必要とされる難しいところではある。筆者がその立場だったらどうするかと思うと考えさせられる。

筆者と同時刻にここを訪れていた人達も二十名ほどおられたが、タクシーの運転手さんの話では現役教師の方が視察に来られることも多いという。自分が同様の引率の立場だったらどうしたか、今後の教訓にと考えてのことなのであろう。誰もが無言で、重苦しい雰囲気の中での視察と感じられた。

生徒達は校舎内で亡くなったのではないのに、「どうして僕達、私達は死ななければならなかったの」という声が校舎の中から聞こえてくるようで（実際にランドセルは校舎内に安置されているという）、これが最初に校庭に降り立った時のぞくぞく感の要因だったのかも知れない。一方、亡くなった先生達も生徒を守ってあげられなかったとさぞ天国で悔やんでいるのではなかろうか。さらに、亡くなった先生の親御さんは息子／娘の死を純粋に悲しむというより、生徒を亡くしてしまった先生の親ということで肩身の狭い思いをされているかも知れない。想像をはるかに超える未曾有の本震災で生死を分けたのは居場所の運不運、とっさの機転や的確な判断力そして迅速な行動と本当に紙一重だった事例が無数に報じられてきたが、犠牲者を出してしまった方の事実は重い。この大川小学校の悲劇も、真実を明らかにし将来への貴重な教訓にしていただきたいと願って、十五分ほどの滞在でおいとまることにした。合掌。

註1：実際に本文を記述したのは八月十八日の自宅においてであるが、最も辛い記述の一つであった。なお、記述に際し、池上正樹・加藤順子共著「あのとき、大川小学校で何が起きたのか」（青志社、二〇一二年）を参考にさせていただいた。

註2：二〇一六年十月二十七日、二十三人の遺族が市と県を相手取り、訴訟を起こした裁判で、仙台地裁は学校の過失と認定した。しかし、後日、被告・原告の双方とも告訴している。

（二）海岸線に向かってすり鉢状の女川町駅前周辺はほぼ壊滅

十時五十分、待ってもらっていたタクシーに再び乗り、国道398号線を南下し、一山越えて石巻市雄勝《おがつ》地区に至る。ちなみに雄勝小学校では大川小学校とは対照的に地震発生後、教師と生徒は学校の裏山に逃げ、全員無事だった由。こういった情報には救われる思いで、ほっとする。そして、太平洋側の海岸線を左眼下に見ながら、十一時二十分に女川町の中心地に到着した。ここは女川湾が細い漏斗《ろうと》状に狭まったすり鉢状の底部に存在したため、津波が集められる形となって、何と二十メートル近い高さに達したという。そのため、人口一万十四人に対して犠牲者は八百二十七人と、人口比率では最大被害の自治体とされ、同町出身の俳優・歌手の中村雅俊さんも頻回に慰問に訪れておられるという。

運転手さんが、「あとで見学するのも大変でしょう」と近辺で唯一残った町立病院に上がっていってくれたところ、病院玄関の柱にその時の一階地面からの潮位一・九五メートルが提示されており、海面からは約十八メートルの高さの津波が押し寄せたことになる。こうして駅前地区はほぼ壊滅という被害に遭ったのであるが、新駅後方のさらに高台にあった小中学校は難を免れている。

さて、高台に移転新装なった瀟洒な女川駅で、運転手さんに御礼を言ってタクシーを降りた。近くの売店兼観光案内所で聞いたところ、駅周辺の主要な観光地点を親切に教えていただいたが、歩いていける範囲内であった。ショルダーバッグを預かってもらい、まずは指示に従って近くの食堂「大新」に入った。元々は衣料品店で、今も再建後に営業されているが、食べる場所もなかろう（実際、駅構内にもレストランはない）とカフェを併設し、ほたてカレーライスを提供しておられたので、そこで昼食を摂った。そこから少し下っていった右手には大きな交流センターや物流センターなど今正に再興建設工事の途上にあった。まずは、プレハブ製の情報交流館を見学し「石巻地方の震災報道写真集」を購入してから、駅方向に戻って工事現場を左手に見て迂回したところ、先ほど訪れた町立病院（現・地域医療センター）の一階壁面に「女川は流されたのではない。新しい女川に生まれ変わるんだ」という強い決意の横断幕が掲げられていた。さらに少し下ってほぼ海岸線近くに鉄筋コンクリート製で四角型の頑丈な女川交番の残骸が横転状態で残されており、これは震災遺構として保存されるという。

震災遺構と言えば、第一に気仙沼の第十八共徳丸が思い出される。結局、跡形も無くなってしまったが、先ほどカレーを食べた食堂の女性店主さんは「あれが無くなって気仙沼の観光客が減ったみたい」と言っておられた。また、大川小学校の保存も最終決定されていないようだが、荘重な慰霊碑があるので、全校撤去ということにはならないのかと推察される（註：最終的に保存で落ち着く）。さらに南三陸町では、最後まで防災無線で避難を呼びかけ殉職した遠藤未希さんがおられた防災対策庁舎も保存か撤去かの議論の最中にある。ちなみに広島の原爆ドームは被爆当初は撤去の要望が断然多かったようだが、今となっては貴重な被爆遺構となっている。現在も議論の対象となっている施設が多いかと思われるが、一度撤去したらもう後には戻せないので、時間をかけてじっくり検討していただけたらと思う。

以上、短時間かつ小範囲ではあったが、女川町復興の確かな歩みを感じ取ることができた。

（三）日和山からから見た旧・北上川右岸地区には大きな爪痕の現実

こうして、石巻線・女川駅発午後一時二十分の小牛田《こごた》行きに乗り、女川を後にした。大川小学校視察にタクシーを利用したことで時間を獲得でき、これからの石巻市街視察に充てることができそうである。午後一時三十七分に石巻駅に戻ったのち、今朝訪れた駅前のレンタル施設に行き、今度はレンタサイクルを申し込んだ。自転車に乗ってまずは駅近くにある本日の投宿先のグランドホテルに行き、フロントでバッグを預かってもらうと同時に訪問先を尋ねたら、南にある石巻港方面の日和山《ひよりやま》から市内を一望できると推奨され、市街地マップもいただいた。これは後から考えても大変的確な指示であったと感謝することになる。

そこで、いただいたマップを参考に、指示に従って真っ直ぐ南下していったところ、左手に旧・北上川が見えた。そこには中洲があり、石ノ森萬画館の楕円形のドームが見えたので大橋を渡って行ってみた。中には入らなかったが、正直なところ、ここまでは震災の形跡は殆ど見ることはできなかった。もう復興を遂げたのかと思いつつ、中洲から戻ってさらに南下して日和山に向かった。ほどなく入り口の標識を見つけたので、自転車で登頂に挑んだがすぐに降りて手押しとなってしまい、標高六十・四メートルの頂上に着いた時には汗びっしょりとなっていた。

山頂には鹿島神社があり、そこの境内から眺めた眼下の光景には思わず息を呑んだ。何故なら、旧・北上川河口右岸地域一帯には殆ど建物が残っておらず、空き地となっている地面は嵩上《かさあ》げもなく、草が生えるに任せているように見えたからである。残った建物の中で、お寺の本堂と付属の墓石群が目立っていたので、これは仏様の御加護かと妙な考えが浮かび、この後に行ってみることにした。また、この展望場所に掲示板が立てられており、厳しく悲しい現実に遭遇した以下のような文面が読み取れた。

「門脇《かどのわき》、南浜（筆者註：表題で大きな文字）江戸時代、目の前には白砂青松の美しい海岸が広がっていました。明治時代以後、農地の開墾が進み、昭和になり、北上川西岸に工業港が整備されると、パルプ工場をはじめとする多くの工場が立地し、門脇、南浜地区は急速に市街化が進み、石巻市立病院、石巻文化センター、そして、約三千軒を超える人家が建ち並ぶ街として発展しました。しかし、東日本大震災の大津波はこれらの家々を全て押し流し、同時に発生した津波火災が街を焼き尽くしました。この地域は災害危険区域として居住できない地域となりました。現在、東日本大震災で亡くなった多くの方々の慰霊の場、震災を伝える場、感謝を発信する場として、国の祈念公園を整備することが決定しています。」

自転車での視察当初には震災の形跡が見られず、もう復興したのかと思った筆者の不明、想像力の欠如を恥じ、申し訳なく思った。そして、実際の被災現場に行ってお寺の本堂に近づいて行ったところ、名は「浄土真宗本願寺派・称法寺」であることがわかった。外観はほぼそのままであったが内部の損傷が激しく吹き曝しで、殆ど何も残されていなかった。さらに隣接する墓所の墓石も横転、損傷しているものが少なくなかった。合掌、一礼し、当地区を後にした。四時に駅前で自転車を返却し、そのままホテルに歩いてチェックインし、内容の濃い本日の視察を終えた。

（四）嗚呼、何と対照的！　校舎は焼失したが、全員の避難を成し遂げた門脇小学校

門脇、南浜地区の厳しい現実の中で、気持ちが癒やされる快挙もあった。インターネットにて検索できた河北新報二〇一一年三月十六日の記事の一部を掲載する。

間一髪津波脱出（筆者註：四段抜き見出し）校舎が津波に襲われ、火事も起きて全焼した石巻市門脇小（児童300人）は多くの児童が石巻高など市内4カ所で避難生活を送っている。ほとんどの児童は学校の誘導で高台に避難し、無事だった。地震発生2日後の13日、児童は別の場所に身を寄せた親らと再会した。鈴木洋子校長(60)によると、地震直後の津波警報を受け、下校した一部児童を除く約275人を誘導し、高台の日和山公園に避難させた。「ゴーという音がして、遠くを見ると住宅が流されていた」と振り返る。校舎には、学校に避難してくる住民のために佐藤裕一郎教頭（57）ら4人が残った。教頭の話では、津波が電柱をなぎ倒しながらすごい勢いで接近。住民約40人と校舎裏側から間一髪で脱出した。校舎に自動車がぶつかる音が響き、ガソリンに引火したとみられる火災が起きた。佐藤教頭と住民は公園で児童と合流し、数カ所の避難所に別れて夜を過ごした。（以下、略）

災害時の教師の任務は生徒の命を守ることが第一という点で、見事に任務を遂行された当時の鈴木洋子校長始め教職員の方々に心より敬意を表したい。「それにつけても、同じ市内の小学校で、雄勝、門脇と大川のこの違いは……」とは、もう申し上げまい。事実、この日和山でも、上っていって助かった門脇小学校の好判断の一方で、この高台にあった日和幼稚園の送迎ワゴン車は自宅に帰そうと下っていって五人の園児が犠牲になっている。斎藤園長は「園庭に避難した子どもたちが不安がったり寒がったりしたので、親御さんの元に早く帰そうとした」とバスを動かした理由を語ったが、それがアダとなってしまった。

八月十三日(木) 高台移転の野蒜《のびる》駅で途中下車：旧駅には大きなコンビニが

仙石線石巻駅発午前七時三十一分の列車に乗って復路に就き、八時三分に野蒜駅で途中下車した。同駅は津波による大被害で高台移転した、仙台側から陸前大塚、東名《とうな》、野蒜、陸前小野の四駅の中心で、運転再開に四年余を要した要因となっており、沿線住民には本当に待ちに待った再開だったようだ。新装なった駅舎は旧駅から高台側に距離で五百メートル、標高差二十メートルの所に移転していた。駅員の方がおられ、尋ねたところ、旧駅に行くには迂回せねばならずタクシーが良いと勧められたので、駅前に一台停車していたタクシーにその旨を告げて乗車した。

当駅のある東松島市は名前の通り、景勝地松島海岸を有する松島町の東側にあることに由来し、奥松島と称される観光地でもある。同市の震災前の人口は四万三千百四十二人、震災による犠牲者は一千六十七名、現在の人口は丁度四万人ほど。家屋の全半壊が全世帯の七四%を占める一万一千戸と甚大な被害を被っている。

駅の出入り口は高台側だけのため、タクシーは反時計回りに大きく迂回して旧駅方面に降りていった。新駅近くには嵩上げされた更地が広がり、これから多くの住宅が建てられるようで、震災死は辛うじて免れたが家屋を消失した被災者の方々には本当に長い道のりの苦労を強いており、同情のほかかない。ほどなく旧駅に到着、プラットホームと線路は残存していたが鉄は錆びつき、周囲には野草が生えていた。ここは遺構として保存されるようであるが、一駅隣の東名の旧駅舎は跡形もなく消え去ってしまったという。なお、この旧・野蒜駅前には瀟洒で大きなコンビニが建てられており、復興のシンボルの一つと思われた。

その後、国道27号線の愛称・奥松島パークラインを少し松島方向へ走って、立ち入り禁止となっている海岸まで最至近と思われる所で降ろしてもらい、海岸まで行ってみたが、当然のように静かな海のたたずまいを見ることができた。この近辺には外観はそのままで閉館したカンポの大きなホテルが寂しく立っているのみで、住宅で賑わっていた震災前の街並みを想像することはできなかった。だだっ広い枯れ野原の様相であり、この地域一帯も、おそらく石巻市門脇・南浜地区と同様、〝災害危険区域〟に指定され住宅建設が禁止になったのであろう。一体、今回の震災でこのような指定を受け、それこそ先祖伝来の土地を手放さなければならない方々はどれほど多いのであろうか（66ページの註参照）。切ない思いで、新駅に戻ったのが八時三十四分。タクシーを降りてから走ってプラットホームに行き、八時三十五分発の仙台行きに滑り込みセーフで乗車した。こうして、わずか三十分の滞在であったが、惨状の一端を垣間見ることができた。そして、九時十八分に仙台着、九時二十四分発の新幹線やまびこ130号に乗って帰京し、今回の訪問を終えた。

註：ネット検索したところ、「災害危険区域のうち、特に住民の居に適当でないとする区域は『移転促進区域』とすることが可能で、移転に関わる経費は国から補助金が支給される。東日本大震災で甚大な被害を受けた岩手、宮城、福島の沿岸部三十七市町村が条例で指定した総面積は〝約一万三千（あるいは六千との報道も）ヘクタール〟に及んでいる」という。平地の少ないリアス式海岸で最適な住環境が沿岸地帯であったことは容易に想像される。今回の高台移転への決断は「高い防潮堤なら安心」という従来からの概念を根本から覆す、正に千年に一度と言われる超大津波による甚大な被害から学んだ教訓・結論なのである。

これまでの被災地訪問の総括：震災後四年余が経ち、問題の一つとなっているのが震災の凄まじさを実体として残している震災遺構の保存の是非である。震災遺構と気取って言ってみても、いわば「見せ物」で集客目当てと言われればその側面は否定できない。そのため、その保存の是非の議論になると、地元では「辛い思い出なので一刻も早く撤去してもらいたい」との思いと「教訓として残しておくべき」との思いのどちらに重きを置くかで、意見が往々にして真っ二つに分かれる。考えの違いからそれまで仲の良かった住民間で気まずい感情も芽生えよう。だが、部外者としては遺構はできるだけ残してもらいたいというのが本音ではある。映像や記録本でも被害の大変さはかなり理解できるが、実際の遺構の説得力には全くかなわないからである。もう五年近く経ち、それでも現存しているのは何らかの理由があるからであろう。そこで重ねて申し上げるが、一旦撤去したらもう戻ってこないのでさらに時間をかけて結論を出してもらえたらと思う。

第二章

後遅走をコツコツ重ねて七百回

（平成二十七年八月～平成二十八年二月：七十歳）

筆者は高校時代の頃から八〇〇〜一五〇〇メートルの中距離走には多少の自信はあったが、長距離走の身体能力は特に優れている訳ではなく、むしろ中以下であろうと思っている。昭和六十一(一九八六)年十月六日に四十一歳で市民マラソンに初出走以来、その魅力にはまっていったが、よく理解できないまま参加した最初のフルマラソンではいきなりリタイアの洗礼を味わった。そこでフルマラソンの走り方を多少は学習して、昭和六十二(一九八七)年十一月二十二日に土山マラソンを四時間十分で完走することができた。ところが走後は疲れ果て、初完走の感激に浸ることもできず、愛知県の実家に帰って、普通に夕食を摂って就寝したところ、何と翌日の午後三時まで眠り続けたのである。そして次の昭和六十三年二月十一日の勝田マラソンで三時間五十七分五十八秒とサブフォーを記録したのが早々のピークだった。

その後はフルマラソンで四時間を切ることは無く、しかも記録を狙った後の走後倦怠感が長く続いたのでフルマラソンから一時撤退した。数年してイーブンペースの大切さを説く新聞記事を見て、これを参考に出走したところ確かに走後疲労感は少なく、生涯で完走を二十一回まで伸ばすことができ、これでフルマラソンを卒業したのである。

こういった経験からハーフや二〇Kが筆者に至適な市民マラソン種目であることがわかり、これらの種目で完走回数を重ねていった。ところが、六十歳からの三度の大腸癌手術を経るとハーフも少し辛くなってきた。こうして当面の目標になったのが二〇一五(平成二十七)年秋に向けての一〇Kを中心とする完走七百回だったのである。そして連走ができなくなった体力を補ってくれたのが、次の七項で述べる「皇居自主ラン」であった……。

七　異例の猛暑だった八月は皇居での早朝ラン

（平成二十七年八月一日〜八月二十九日）

筆者が市民マラソンで連日走を実行できたのは平成十四年十一月十五日の皇居マラソン一五Kおよび翌日の同一〇Kが最後である。しかし、年齢と共に急速に体力が衰え、走後倦怠感が残るようになってきたため、今年に入ってからはこれを止めることにした。となると、完走回数の観点からこれを補うには、マラソンに参加しない週末をできるだけ減らすことである。そこで考えたのが皇居での自主ランである。幸い、地下鉄有楽町線・桜田門駅の皇居方面改札口脇にランナー仕様のロッカーが設置されているのはわかっており、着替えや貴重品管理は安全確実である。まずは早春に試行してみた。

三月八日(日)：さすがに聖地、市民マラソンと同様、真面目に走り切った

東急目黒線の洗足駅を午前七時二十五分に乗車、東京メトロ南北線相互乗り入れの直通で永田町で乗り換え、有楽町線の桜田門駅に七時五十三分に到着した。進行方向前方の皇居方面改札口（一番）右脇のランナー専用ロッカーで着替え、さらに桜田門に至近の三番出口を上がるとそこがコースとなっており、既に多くのランナーが反時計回りに走っていた。筆者は出口をスタート地点として八時十分に出走、ゆっくりと楽しむように前半五キロは四十四分、後半は少しアップして三十五分で二周一〇Kを七十九分で完走することができた。当初、気がかりだったのは、本番のレースではないので、ジョギングを楽しむあまり、歩いてしまわないかということであった。しかし、そこは市民ランナーの聖地で、歩いているランナー／ジョガーは殆どおらず、真面目に取り組む同志の皆さんに引っ張られて完走できたので、今後共これを累積完走回数にカウントすることにした。帰途は同じ路線を逆に乗り、洗足駅に十時二十七分着と、その後の長い時間を自宅で楽しむことができた。ちなみにパスモでの運賃は目黒線百五十四円、南北線百六十五円の合計三百十九円で往復六百三十八円であった。「安近短」と言えば、全くその通りである。

さらに四月十一日(土)と六月二十八日(日)にも実行し、その利便性を実感できたが、避暑の考えをこれに加えて八月の自主ランに臨むことにした。

今年の日本は夏に入って例年になく灼熱列島と化し、東京地方においても例外ではなかった。ちなみに最高気温三十℃以上の真夏日は七月十七日から八月十九日まで三十三日間連続、そのうち、三十五℃以上の猛暑日は七月三十一日から八月七日までの八日間連続と観測史上最長だったとのこと。さすがにこの時期の市民マラソンに午後出走というのはないが、通例の午前九時過ぎでも既に充分に高温となっており、そのうえ、走行中にさらに気温が上昇するので熱中症にも要注意である。それゆえ今年は、レース参加者に「前日からの充分な休養や出走前からの小まめな給水」を呼びかける異例のネット連絡が相次いだ。こんな暑い時期に走るのは若い時には鍛錬になるかも知れないが、筆者の年齢では最早、却って健康に良くないのではと思うようになってきた。こうして、申し込んであった午前中のレースをキャンセルしてまでも朝一番の自主ランに切り替え、この八月を乗り切ることにした。思えば昨年の八月は七月までの無理がたたり、一回しか出場できなかった苦い経験がある。

八月一日(土)：朝一番のプランが確立、その後の時間を有効活用

今日も最高気温三十五℃の猛暑予測である。そこで洗足駅五時三分の朝一番に乗って、いつものルートで桜田門駅に五時三十六分着。五時五十分から出走し、八十三分で完走した。この〝朝イチプラン〟のおかげで洗足には八時三分に戻り、その後たっぷりの余裕の時間を正午からの明治座での公演「志村魂」の観劇に充てることができた。

同様に八月八日(土)は自主ラン完走後、秋葉原駅至近のUDXビルでキャンサーネットジャパン主催で十時に開催される「アキバ・キャンサー・フォーラム」をたっぷりと堪能することができた。すなわち、これは第一線の癌治療医数十名が無償で講演を行うなど、参加費無料の企画である。筆者は主に癌患者が主人公の映画をハシゴ鑑賞し、さらに最後の閉会セッション「がん百万人時代をどう生きるか!?」まで拝聴し、午後七時の終了まで充実した一日を過ごしたのである。

八月十五日(土)：本番のレースをキャンセルして、朝イチプラン実施

今日の最高気温予測は三十三℃とまだまだ夏真っ盛りである。申し込んであった第三十七回皇居Cityマラソンの一〇Kは九時二十五分出走であり、自主ランとどちらを選択するか迷ったが午前四時半に目覚めたことで、参加費の三千二百四十円は単なる掛け捨ての保険金と思って捨てることにした。早朝五時四十五分に出走し、七十七分で完走したが、これが完走回数六百九十回になり、いよいよ七百回に向けてカウントダウンに入ることになった。

同じく、八月二十二日(土)は第五十一回東日本大震災復興支援ランで九時三十分の出走であったが、やはり三十三℃の高温予想だったため、早朝自主ランを選択した。この三番出口から正規のスタート地点である桜田門前広場の時計台まで約二百メートルほどで、係員の方々は八時頃には集合されるだろうが、わざわざ挨拶に行って石巻方面を視察した話（前項）をして帰るだけでは大した意味もなかろうと判断し、すぐに桜田門駅から帰途についた。

八月二十九日(土)：八月の全土曜日の五回を自主ランで通す

今日は最高気温予測は二十四℃とやっと今年の異常猛暑が収まった。しかも早朝は小雨模様で肌寒ささえ感じた。これが幸いして、七十四分と先週より十分速い記録で完走することができた（表5：74ページ）。

表5：八月早朝の皇居での自主一〇Kラン記録

実施日	最高気温	記録：評価	完走後の日程
1日（土）	35℃	83分：現実	芝居の観劇
8日（土）	32℃	79分〇：曇天	講演の視聴
15日（土）	33℃	77分〇：曇天	自宅で静養
22日（土）	33℃	84分：不調	自宅で静養
29日（土）	24℃	74分〇：低温	自宅で静養

それにしても、最近の記録の落ち込みは著しい。それは、スロープをゆっくり降りるのではなく階段を下りるような、あるいは坂を転げ落ちるような感覚である。自分でもどうしてと思うほどであるが、これが現実なのである。皇居マラソン一〇Kの制限時間は九十分であり、これなら八十歳近くまで続けられるだろうと思い、また実際に八十歳を超えて走る先人の事例を読んではいたが、それこそ個人差である。元々、ごく普通（以下？）の身体能力しか持ち合わせていない筆者にとって、一〇Kの最高記録は平成元（一九八九）年十二月十日、四十四歳時に記録した東海シティマラソンでの四十五分五十二秒であり、最近はこの記録のほぼ二倍に近づいている。陶酔感に浸ることができたランナーズハイはいつの間にか無くなり、また足底腱膜炎によると思われる右踵の微妙な痛みも慢性化している。それでも走り続けるのは、身近に迫った七百回完走を目標に、悔いのない市民マラソン人生を終えたいと思う一念からである。かつて「一〇Kはかけっこ」といささか軽視してい

たが、今は充分に至適な距離になった。このように筆者にとっては残酷と言えるほど記録が急激に落ち込む中で、気温が下がった二十九日には完走記録を七十四分まで戻すことができたので、涼しくなる秋に一縷の期待である。

八　「走る定年教授の充実オストメイト・ライフ」出版される

（平成二十七年八月三十一日）

表6（79ページ）の拙著「後遅走サンデー」シリーズに示すように、拙著「走る定年教授の充実オストメイト・ライフ」は本シリーズとしては、第七編となる。発行日は八月三十一日であるが、筆者の自宅には八月五日に到着した。手にした時の喜びはいつもと変わらないが、第七編までよくぞ続いたものである。記載を開始した平成二十五（二〇一三）年六月は最終手術後五年無再発を達成してキャンサー・サバイバー（癌生還者）となり、また同時に、ストーマの永久受容を決断して半年余を経過した時期である。また、この時期はピアサポート・ドクター（癌体験医療者が癌患者を支援ならびに医療者オストメイトが一般のオストメイトを支援）および一般社会の理解を求める「広告塔」への道に舵を切った転機の時代で、内容的に癌闘病時代の第五～六編から大きな変化があり、これまでの拙著にはない記述になったと思っている。

1　大腸癌・ストーマ関連学会を視聴するようになったきっかけ

この第七編で大腸癌やストーマに関連する学会および研究会を視聴した内容を記述した項は、七項：「久し振りに癌治療学会をたっぷり視聴」、八項：「潜入！　大腸肛門病学会―難病、二つの炎症性腸疾患―」、一二項：「やっと鉱脈を掘り当てたぞ、ストーマ・排泄リハビリテーション学会」、一六項：「ストーマケアのプロなら創傷・オストミー・失禁管理学会」、および二〇項：「ストーマ関連学会視聴の延長で東京地区の研究会にも参加」の計五回にも上る。

そのきっかけになった出来事を改めて述べることにする（第六編の二三項を参照）。すなわち、筆者は三回目となる大腸癌の最終手術から四年七ヶ月後の平成二十四(二〇一二)年十一月に、それまで仮設状態にあったストーマを永久受容してオストミー協会に入った。その理由は、ほぼ五年無再発を達成したことと、「ストーマの閉鎖手術は困難」と平成二十三(二〇一一)年三月の定年退職時に主治医から告げられていたことである。入会した以上、同じオストメイトの方々とお話をしたいとの思いが一気に盛り上がり、オストミー協会の東京支部報に案内が出ていた地区集会に初参加してみた。筆者が所属するのは、渋谷・港・目黒地区で、平成二十五(二〇一三)年四月六日に会場の「白金台いきいきプラザ」の小さな部屋に入ったところ、全員で十一名であった。色々と体験を拝聴できて楽しく有意義な時間で所期の目的を達成できたが、その中に東京支部の本目事務局長さんもおられ、五月三十日に開催される「東京支部オストメイトの集い」で体験談を話すように要請された。「講演や執筆依頼は断ってはいけない」というのが尊敬する恩師の教えであり、即決で受諾したのであった。

平成二十五（二〇一三）年五月三十日（月）：体験談発表後に衝撃的な質問を受ける

「集い」は品川区総合区民会館「きゅりあん」にて百人ほどの参加者を得て、午前十時から開催された。そして午後一時半から「口腔癌治療医が大腸癌になって変わったこと・変わらないこと」と題して講演を行った。

二十五分で終え、質疑に移って、最初は「自分の家は癌経験者が多いが遺伝するのか？」という答え易い質問で良かったが、もうひとりの方から「現在、直腸癌が再発して各種の放射線治療を受けているが、思わしくなく、高額な免疫療法を考えているが金額に見合うか？」という質問を受けた。表面的には冷静を装っていたが、「えっ、どうして口腔外科専門の筆者にそんな質問をするの」との思いであった。「希望は失わず、納得のいくようにしてください」とは答えたものの、筆者に要請されていることは、大腸癌やストーマへの正しい知識を深め、当面はオストメイトの方々に還元することであると認識したのであった。あれから三年余、質問していただいた方はもしかして、もうお亡くなりになったかも知れない。筆者にストーマ関連学会への視聴のきっかけを与えてくださったことに感謝している。

2　タイトルに込めた思い

人工肛門や人工膀胱を表す「ストーマ」という用語への一般社会の理解はなお低く、それを知らない医療者さえいるというのが現状である。人工肛門では肛門部に何かチューブのような人工物が設置されているように誤解されている場合も実際に経験している。このストーマという用語より派生し、「ストーマを有する人」として用いられるオストメイトはさらに理解度は低いものと推察される。むしろ左下腹部に十字のついたオストメイトマークが多機能トイレの前に表示されていて、その方面から多少の理解が進んでいるかも知れない。そして、これまでにオストメイトの用語を入れた表題の本は、佐々木豊著『オストメイトビジネスマン世界を駆ける』（WAVE出版）が唯一と思われる。そこで、さらに理解を進めたいとの思いでオストメイト・ライフを表題に入れた訳である。日頃、「ストーマ、つまり人工肛門」と、筆者自身も周囲の人達に話しているが、ストーマやオストメイトという用語のみで理解される日が来ることを願っている。

表6：拙著「後遅走サンデー」シリーズ出版年表

初　編	気分は爽快、後遅走サンデー	1998年9月	北國新聞社
第2編	後遅走サンデー　東奔編	2000年8月	北國新聞社
第3編	後遅走サンデー　西走編	2002年4月	北國新聞社
第4編	後遅走サンデー　熟走編	2004年11月	北國新聞社
	（第4編までは純粋にマラソン本、以後、癌のため6年の空白）		
第5編	金大教授のがん闘病&市民マラソン日記	2010年12月	北國新聞社
	（これをケジメとして定年退職し、東京に転居）		
第6編	定年教授の癌克服ラン日記	2013年8月	徳間書店
関連本	走って治すぞ、ガン闘病。	2014年1月	徳間書店
第7編	走る定年教授の充実オストメイト・ライフ	2015年8月	徳間書店

九　二人の大ベテラン力士の引退に思う

（平成二十七年七月二十七日、九月三日）

「引退（retirement）」とは広辞苑によると「官職・地位から、また現役から退くこと」と記されている。従って、筆者のようなアマチュアの市民ランナーに引退の用語を使用するのは相応しくないと思うが、まあ「退く」という程度で引用させていただく。既述のように、筆者にも市民マラソンからの引退が刻々と近づいてきたので、スポーツ界での「引退の仕方」が気になるようになった。

かつて国民栄誉賞を受けられた超トップの引退劇では、「ホームランバッター」として三十本以上打てなくてはファンの皆さんに夢を与えられない」として余力を残して勇退した巨人の王選手と、これとは対照的に「気力体力とも限界」と述べて土俵を降りた横綱千代の富士関の例がある。これを参考にするのはおこがましいが、筆者は千代の富士関のように限界までやり切って終えたいという意味だけで引用させていただいた。また、ご両人のようにトップを極められた場合ではなく、幕内の役力士を務め、加齢による体力の衰えで地位を下げていった際、幕内にこだわるか、十両でも良いかはそれぞれの力士の思いによるであろう。

そこで今回は大相撲への入門が同じで、共に今年の名古屋場所終了後に引退した旭天鵬関(40)と若の里関(39)の微妙な引退劇の違いについて考えてみたい（以後、敬称略）。

両者の同一または類似点は、これら年齢や長い現役生活後の引退時期と併せ、①初土俵が共に一九九二年春場所、②入幕は九八年の初と夏、③最高位が関脇、である。では、旭天鵬関、若の里関の順に述べる。

1　旭天鵬：今日の大相撲を席巻するモンゴル力士の第一号

一九七四年九月ウランバートル生まれ。平成四（一九九二）年二月に他の四人と共に、モンゴルから初の入門。半年後に五人で脱走するも大島親方の説得で、戻る。その後は「無我夢中で毎日必死に生活」し、平成十（一九九八）年に入幕、次第に幕内の力を付けて定住。力強い四つ相撲で、三十七歳時の平成二十四（二〇一二）年夏場所で平幕優勝。これがきっかけでさらに相撲人生が伸び、明るい性格も加わって、レジェンドと呼ばれるようになった。生涯記録も盛り沢山で幕内出場回数一千四百七十回は史上一位、通算出場記録一千八百七十一回と幕内在位場所数九十九場所は史上二位、これに最年長優勝、四十代幕内力士、四十歳での最年長三賞がある。

2　若の里：全盛期には大関をうかがった実力派

昭和五十一（一九七六）年七月弘前市生まれ。しこ名は若乃花と隆の里に由来するもので、入門時から将来を嘱望されていた。生真面目な性格と猛稽古で平成十(一九九八)年夏場所に入幕。左四つの相撲で番付を上げ、最盛時は三役(関脇・小結)常置となった。平成十四(二〇〇二)年から平成十七(二〇〇五)年まで十九場所連続は史上最長で計二十六場所を数える。その間、二〇〇三年九州場所と二〇〇五年初場所で大関とりに挑んだが、いずれも負け越しで実現しなかった。猛稽古によるケガに泣かされ、手術は膝の三回を含め五回に及ぶ。そのため休場による十両陥落時など十両での優勝四回は復帰勲章とも言える。ちなみに両者の対戦成績は若の里の二十三勝十四敗であった。

3 引退日のズレはどこから?

二人の引退場所となった今年の名古屋場所での旭天鵬の地位は西前頭十一枚目で成績は三勝十二敗。「幕内にこだわってやってきた」ため十両陥落が確実になったことで、翌日に引退を表明した。数々の生涯記録に、三十七歳での最年長優勝という〝錦上花を添える〟大勲章を引っさげての引退であり、百二十パーセント満足のいく相撲人生であったろう。一方、若の里は西十両十一枚目で四勝十一敗。幕下への陥落がほぼ確実であったが、わずかの残留期待ゆえか、心の整理が必要だったのか、あるいは旭天鵬の晴れがましい引退発表後で、発表のタイミングを逸したのか、秋場所の番付発表で幕下陥落が確実になった九月三日までずれ込んだ。Wikipediaによると、故郷・青森での夏巡業があったため先延ばししたとの日程的事情の由。「本当に楽しかったが、本音を言えばまだまだやりたかった」の弁は真面目な性格そのままで、ケガさえなければとの素直な思いであったろう。二人の生涯成績を表7に示した。共に二十三年四ヶ月と息の長い相撲人生をやり遂げられたことに敬意を表したい。そして、今後は共に部屋付き親方となって後進の指導にあたることになっており、立派な後継者を育成してもらいたいと願っている。

表7：旭天鵬関と若の里関の生涯記録の比較

	旭天鵬　勝	若の里　忍
生年月日	1974年9月13日	1976年7月10日
初土俵	1992年春場所	1992年春場所
三役在位	12場所（関脇3、小結9）	26場所（関脇17、小結9）
入幕	1998年初場所	1998年夏場所
三賞	7回（敢闘）	10回（殊勲4、敢闘4、技能2）
生涯成績	927勝944敗22休（140場所）	914勝783敗124休（140場所）
幕内成績	697勝773敗15休（99場所）	613勝568敗124休（87場所）

4　一〇K九十分以内ぎりぎりの走力は十両下位の力量に相当

十両下位と幕下上位では地位的には近いが待遇は正に月とスッポン、雲泥の差がある。十両は関取として大銀杏を結うことができ、本場所では十五日間の土俵を務め、給与が支給され、身の回りの世話をする付き人がつく。これとは逆に幕下は八日間のみの取組で、大銀杏なし、給与なしで付き人を務める役回りである。それ故、入門したら、まずは約一割ほどしか到達できない関取を目指すというのが第一目標になる。一方で、十両には上がったものの幕内には上がれないか常駐できない十両・中~下位力士間での勝ち星の貸し借りが明るみに出て、日本相撲協会の存続さえ揺るがす事件に発展した背景には、この十両の厚遇特権があり、これを一部の当該力士が互助会的に守ろうとしたためであった。

そして幕内を長く務めた力士の体力が加齢によって衰えると、どこで引退するかの決断を迫られる。その始めが幕尻、さらに十両下位となる。従って、十両下位を市民マラソンの立場に置き換えてみると、一〇Kで制限時間の九十分以内の走力であり、市民ランナーの称号を維持できるぎりぎりと言えよう。すなわち、筆者が考えてきた市民マラソン番付は、フルマラソンを制限時間内で走れるのが幕内以上で、幕内上位は四時間台前半、小結は四時間未満、関脇は三時間台前半、大関は時折三時間未満、横綱は常時三時間未満のサブスリーランナーである。さらに十両上位はハーフを制限時間内、下位は一〇Kを制限時間内で走れる、とランク付けしている。これに従うと、筆者は全盛時には幕内上位で一場所のみ小結だったことになる。このランキングに従うと、一〇K未満の五Kはたとえ市民マラソン種目にあるといえどもマラソンの距離ではなく、相撲に例えれば幕下以下相当というのが筆者の持論で、わざわざ五Kに参加するくらいなら個人としてジョギングを楽しむべきと思っている。筆者はケガで引退を余儀なくされた若の里関の思いに賛同し、身体と相談しながら今少し一〇Kを頑張ってみたいと思っている。ちなみに若の里関が引退を表明した九月三日現在、筆者の完走回数は六百九十二回で、いよいよ七百回までのカウントダウンに入った。

一〇　高台二十メートルの校舎も大津波に呑み込まれた

（平成二十七年九月二十一日）

宮城県南三陸町の震災遺構と言えば、最後まで高台への避難勧告の放送を続け、殉職とも言える形で亡くなった遠藤未希さん（享年二十四）のエピソードで有名になった防災対策庁舎がある。震災当初は撤去と決められたが、二〇三一年まで一時保存とされているのもその影響もあろう（六項参照）。当日いた町職員約三十人のうち、遠藤さんを含む二十人が犠牲になっており、この庁舎の視察だけでは辛いので遠慮かなと思っていた。そんな折、日経新聞九月十一日版の「教訓を風化させない」欄で、阿部長商店のイベントホールで同町にある「高野会館」が遺構として保存の検討に入ったという記事が目に入った。

それによると、「震災当日、三百人強の高齢者が演芸大会を開いていた。多くは地震直後に自宅へ帰ろうとしたが、『高齢者の足では津波から逃げられない』と判断した社員らが引き留め、地上十七メートルの屋上のさらに高い非常スペースに上がり、三百七十二人全員が生還した」という。好判断の事例であり、これとのセットでの視察なら行ってみても良いかと判断し、秋の連休の中間の一日を利用することにした。

南三陸町は既に訪問した北の気仙沼市と南の石巻市の間にあり、深くえぐれた大きな志津川湾を囲み太平洋に向かってCの字の地形を呈している。丁度十年前の二〇〇五年十月に南西の志津川町と北東の歌津町が合併してできた町で、「二十メートルを超える」と常に冠称がつく最大級の大津波により人口一万七千六百六十六人のうち、震災で六百一名の死者と二百二十三名の行方不明者という甚大な人的被害を被っている（二〇一五年四月現在）。

1　九月二十一日（月・祝日）：効率よく視察できたが、閉校等への疑問が

昨日はオストミー協会東京支部の社会適応事業の講習会で講演し、その後の懇親会と疲れたのか、早めに就寝したにもかかわらず寝過ごして、東北本線東京駅発朝一番の最速はやぶさ号に少しのところで間に合わず、六時四十分発の各駅停車やまびこ203号に乗車した。仙台に九時二分着、九時四十六分発の東北本線に乗り換え、小牛田《こごた》に十時二十九分着。ここで、さらに石巻線・気仙沼線直通電車に乗り換え、柳津《やないづ》に十一時二十一分着。ここからはバス（BRT）に乗り、最初の目的地であるBRT志津川に十二時八分に到着した。

ここには、広い敷地内に「さんさん商店街」や「ポータブルセンター」等があり、大きな駐車場は満杯で多くの観光客で賑わっていた。散策しながらタクシー乗り場を探したが無いため、おみやげ店に入って聞いたところ、タクシーを呼んでくださった。十二時四十分に乗車した際、運転手さんに「髙野会館と防災対策庁舎を中心に志津川病院、JR志津川駅を見たいが、ほかはお任せ」と

告げて出発してもらった。高台にあるBRT志津川から南の海岸方向で志津川地区の中心地に下りて行ってほどなく、写真で何度も見た防災対策庁舎に到着した（写真4）。

写真4：南三陸町の防災対策庁舎。津波はここを呑み込み、屋上に避難した町職員30余人のうち、生存は10名。

町職員三十余人のうち、十人のみが生き残った三階建て鉄骨の外形だけの残骸は津波の凄さを示し、多くの見学者がカメラ撮影をしたり祭壇の前で合掌していた。被災地を訪問して常に思うが、「百聞は一見に如かず」で、この高い建物が津波に呑み込まれたことを見てみなくては実体がつかめない。筆者も合掌してここを後にした。さて次の高野会館はいずこかと思ったところ、わずか二百メートルほど西側にあった。ここには見学者がおらず、じっくり眺めることができた。防災対策庁舎とほぼ同じ高さと思われたが、屋上にさらに高い部分が設定されており、これがぎりぎりのところで全員を救ったことになる。平均年齢八十歳前後、営業部長の佐藤由成さん(64)はロビーに殺到するこれら高齢客の前で仁王立ちとなって、「生き残りたかったら、ここに残れ」と叫び、ほかの従業員と共に屋上へ誘導したという。もう二メートルほど津波が高かったらと思うとぞっとするが、従業員のとっさの好判断で犠牲者を出さず、本当に生死の分かれ目は紙一重であることをここでも実感した。ここで「志津川病院はどこですか？」と運転手さんに尋ねたところ、道一本隔て、嵩上げされて草茫々の場所を指さし、「あそこにありました」と教えてくれた。多くの犠牲者を出した同病院は完全撤去後、現在は隣の登米市に移設されているという。記事によると、志津川病院は東棟（四階）と西棟（五階）で四階の天井近くまで津波が襲い、入院患者百七名のうち七十二名が死亡・行方不明となったが、多くは自力歩行困難な高齢者だったとのこと。二日後の三月十三日の午前、最後の生存患者数人を石巻赤十字病院に搬送し終え、患者とともに救助ヘリに乗り込んだ菅野武医師は病院を眼下に見た時、込み上げる感情と共に涙が流れた。「患者を運び終えたということ、そして自分が生きていること、今まであった街が打ち砕かれてなくなっていること、すべてが入り交じり、すべてを受け止められない奇妙な感情だった」。五階があって一部ながらも患者を救うことができたことには、筆者も複雑な感情が交錯する中でホッとする思いであった。まるで草に覆われた古墳のような病院跡に向かって、合掌（註：同病院は二〇一五年十二月に南三陸病院として高台に再建され、再出発した。二〇一七年八月十六日に視察）。

これで主な施設は視察できたが、次に、運転手さんはかなり南に下った戸倉《とぐら》地区にある戸倉中学校を見せてくれるというのでそこに向かった。

途中で南三陸唯一の観光ホテルで海岸を見下ろす高台にある「観洋」を通ったが、見た目には被害もなく平常営業しているようであった。そして、海岸線からすぐの高台にある戸倉中学校に到着した。校庭に立って、校舎や体育館を眺めてみると外形は殆ど損傷がなかったが、結局、二〇一四年三月に閉校になり、校歌を刻んだ記念碑が建っていた。そして校舎の高い壁面に取り付けられていた時計の針は地震のあった二時四十六分を二分ほど過ぎたところで止まっていた。また校庭を挟んで校舎と反対側の隅には今も被災者の仮説住宅が建っており、今も生活しておられるようであった。

ここで疑問に思ったことは、津波はどの高さまで達したのか、生徒は大丈夫だったのか、どうして閉校になってしまったのか等であり、これには運転手さんも詳しくは教えてくれず、基本的に中心地の被害に比べれば軽微に思えるここをどうして選んで連れてきてくれたのかわからなかった。これが理解できないとこの第一〇項は書けないと判断し、旅行を終えて自宅に戻ってから検索することにした。

次に、市街地に戻ってJR志津川駅に連れていってもらったところ、駅舎は完全に消失し、高架にあるプラットホームは草茫々でその残骸をさらしていた。おそらく、これまでの津波の経験からこの気仙沼線は高架型にして敷設されたのであろうが、それこそ想定を超えた津波が駅を壊滅させたことになる。ちなみに、柳津駅から気仙沼駅までの気仙沼線の総延長八十・一キロは線路による復旧を完全に断念し、永久的にBRTを選択したという。今回の津波はあまりにも大きく、防潮堤というこれまでの概念を根底から覆すと共に、二十メートルもの高架鉄道をも屈服させたことになる。そして最後に志津川中学校に行き、そこからの市街地の眺望を見せてもらった。市街地の中でもかなり高台にあった同校は被災を免れたかなり稀な公共建築物で、実際にそこから海方向を眺めると、遠くに防災対策庁舎と髙野会館（およびそのすぐ手前の病院跡）の位置的関係を確認することができた。頑張って！　志津川地区、頑張って！　戸倉地区。

午後一時半にBRT志津川に戻り、タクシーの運転手さんに御礼を言って下車。二時十一分のバスに乗ってさらに最終目的地の歌津まで向かい、二十分ほどで到着した。すぐ近くのJR歌津駅も志津川駅と同様、かなりの高架に建てられていたが、二十メートル以上の津波に襲われてプラットホームを残すだけとなっていた。その後、付近の港やこぢんまりとした伊里前《いさとまえ》商店街を散策して全ての行程を終え、二時五十九分発のBRTに乗って帰途に就いた。頑張って！　歌津地区、そして、頑張って！　南三陸町。今回、こうして少しアクセスが面倒な同町を訪問したことで、訪問地は北の陸前高田市の一本松から南に気仙沼市、南三陸町、女川町、石巻市そして東松島市が繋がったことになる。

2　戸倉中学での3・11：校庭に避難した住民、生徒は崖をよじ登り殆どが助かった

視察から帰った翌日、早速ネット検索してみたところNHK番組「証言：東日本大震災第十四回〜高台の学校を襲った津波〜」（二〇一三年三月十六日）がYouTubeで掲載されており、既述の三つ

の疑問が氷解した。

すなわち、まず水位は直接に海から来た津波と防災庁舎などを呑み込んだ市街地からの津波が合流し海抜二十メートルの校庭を五メートルも超える津波となり、校舎と体育館をすっぽりと呑み込んでしまった。そのため「痕跡高」が校舎の壁に残らず、さらに津波の最終到達点のため、水平移動時にはビルをも倒す巨大なエネルギーは崖で抑えられ、校舎や体育館の外形は残ったのである。また生徒達は先生の指示で、体育館裏の赤土の崖のような急斜面を駆け上がり、学校関係者では先生と生徒の各一名の犠牲に留められたこと。そして、人口減時代で戸倉中学は一学年二十名ほどの小規模校になっており、今後の人口減の加速を考慮すると、早晩、閉校する運命にあったのであろう。それでは、番組の概要を簡単に記しておく。

戸倉地区は人口約二千人の集落で漁業や農業を営む山と海に囲まれた美しい町である。そしてあの3・11の日、卒業式を翌日に控えていたところに、地震の後の津波が襲ってきた。海抜二十メートルの同校は避難場所に指定されていたが、通称・登校坂を這うように上がってくる津波にただならぬ異常を感じた教務主任で避難引率担当の菊田浩文先生は校庭に集合させていた生徒に「山さ逃げろ、山さ上がれ」と大声で指示すると共に、避難して来た住民の誘導を猪俣聡先生と共に行った。こうして住民と生徒約二百人が崖の上に上って難を逃れたのであった。一方、住民誘導で遅れた菊田先生は津波に巻き込まれて肋骨二本を折りながらも近くの大木につかまって命を取り留めたが、猪俣先生と崖を上がれなかった（？）老夫婦は体育館の中で遺体で発見された。また既に崖の上に上がっていた生徒の一部（回想映像では当時二年生の四人）は後から上がろうとする住民に実際に手を貸して引き上げたり、ジャージを繋いでロープにし、五人を助けたという。

この撮影中に仮設住宅に住む中年女性の佐藤常子さんがやってきて「自分も引っ張り上げて助けてもらったのだけど、あなた達？」に、「そうです」と崖の上の生徒達。「ずっと気になっていたの。本当にありがとうね」と校庭隅の佐藤さん。さらに「赤ちゃんをおんぶして電信柱につかまっていたお母さんも助けてくれたのね。その後、二人目が生まれたのよ」と話されていた。映像の四人の中の代表的存在であった柴田翔君は「自分も落ちたら危ないなと思ったんですけど、下で必死な人達は助かりたいという一心なんで。自分たちがやらなければ助からないなと思って」と話しており、撮影当時、高一の若者とは思えない神々しささえ感じた。

そして震災一年後の三月十二日、登米《とめ》市の廃校・善王寺小で授業を受けていた三年生二十名のたっての希望で、卒業式が母校内で挙行された。小野寺翔君は答辞で「（あの震災で）当たり前の日常、実はそれはとても大切で幸せなことだと知りました。友達や家族と会話できること、生きていることがとても大切だと知りました。（この体験を忘れず）町の復興のために二十名全員がそれぞれの道を邁進します」と述べた。この辛い経験が今後の人生で活かされるものと確信している。翻って、菊田先生は同じ場所で同僚を亡くし、両親も気仙沼市で亡くなった。「自分だけ助かってしまった」。何もかも失ったあの日。避難生活を送る子供にようやく冗談が言えるようになった。「自分のことだけ考えていたら確実に生きていられなかった」。でも今は違う。「子供が笑顔になれるように、やらねばならないことは山ほどある」（二〇一一年四月十五日、毎日新聞）。

最後に閉校記念碑に刻まれていた校歌の一番を掲載するが、この地域の光景と校風が偲ばれる内容である。作詞・永野為成、作曲・佐藤長助「朝日にめざむ翁倉　清くさ霧の煙るとき　さざ波にとぶかもめどり　翼も軽く健やかに　共に進まん学びの園に」。本項を書き終えた今思うことであるが、貴重な所に連れて行ってくださった運転手さんに感謝する。ちなみに彼も家を失い、来月、新しい住宅に入居するとのことであった。

このように前回の石巻地方に次いで、当地でも紙一重で生死を分けたエピソードに接したが、こういった事例は全被災地域ではおそらく幾千にも達するかと思うと、本当に胸が痛む。今後の復興には時間がかかるが、東北人魂で頑張っていただきたいし、筆者も決して忘れない。

一口メモ・津波の高さ：気象学的には海岸線の計測地点における平常水位との差であり、南三陸町では十五・九メートルとの報告がある。そして実際に内陸に駆け上がる高さを「遡上高」、そのうち、建物の壁面に残されたものを「痕跡高」と言い、ちなみに周囲が平坦な町の中心地にあった防災対策宿舎や高野会館では十八メートル前後、高台にあって崖を背にした戸倉中学や歌津駅周辺では二十五メートルほどに上昇したと思われる。従って、「二十メートルを超える大津波を受けた南三陸町」という表現は事実に則っていたと評価される。

一一 「どうか3・11を忘れないで」の発信地を表敬訪問

（平成二十七年十月十日）

被災地訪問はこの目で確かめたいとの思いで行くのであるが、被災当日の出来事を現場で見聞すると厳粛な思いになる。そして、その後にずっしりと疲労が迫ってくる。そこで、訪問のきっかけとなるメッセージをいただいた「ともこ」さんのお住まい、宮城県沿岸部最南端の山元町を表敬訪問して、一応の締めとすることにした。同町へのアクセスは仙台から常磐線の上りを利用するのが至適のようである。その常磐線は上野—仙台間三六二・九キロのうち、茨城、福島、宮城の各県で太平洋沿岸を走向しているため、大震災で寸断された浜吉田—相馬間二二・六キロの区間は原ノ町—広野間五四・五キロと共に現在も未開通区間である。そこで前者の区域内に存在する山元町を一旦通り越して、代行バス区間の最終駅である福島県相馬市まで行くことにした。

1　十月十日(土)：やっと福島県に降り立つ

東北新幹線東京駅六時三十二分発のはやぶさ1号に乗車して、仙台八時四分着。連絡が良く、常磐線上りは八時十三分の発車。代行バスの起点は浜吉田駅の一つ手前の亘理《わたり》駅で、ここに八時四十七分着。ここからバスで浜吉田↓山下↓坂元↓福島県に入り、新地↓駒ヶ嶺を経て相馬駅に九時五十分に到着した。

三年前に福島県川俣町のロードレースに参加するため車で会津若松まで来たところで財布がないのに気づき、参加を断念して帰ってきたが、これでやっと福島県の被災地を訪れることができた。相馬市は人口三万六千人ほどで震災による犠牲者は約四百五十人と南相馬市の六百五十人以上に次いでおり、被災者の多くは松川浦の北西部にある原釜、尾浜地区に集中している。松川浦は相馬市北東の太平洋岸にあり、南北七キロ、東西三キロの細長い入り江だが、「海のそばにあるもう一つの海」の実感で入り口の幅はわずか八十メートル、内側に原釜漁港があり、春から夏にかけて潮干狩りが行われていた。タクシーで、市の中央を縦走する国道6号線バイパスの細田交差点を通過すると、空き地となった住宅街が目立つようになった。津波はここまで押し寄せたとのことで、さらに沿岸の原釜、尾浜地区では草地となった住宅街が広がっていた。同地区も災害危険区域に指定され住宅の建築制限がなされているが、工業用の建築が進んでいるところもあった。また尾浜地区では低い防潮堤の脇に新しく高い防潮堤が設置されており、そのような対応は筆者が見た限りの宮城県では見かけないものだった。南三陸や女川での二十メートル前後の高い津波に比して、当地では数メートルほどであったこととの違いによるものかと推察した。合掌。

2　「ともこ」さん、山元町訪問を果たしましたよ！

一時間ほどの視察後に相馬駅に戻り、十一時二十分発の代行バスに乗って戻ることにした。駒ヶ嶺、新地を経て宮城県に戻り，山元町の坂元バス停で下車した。

山元町は南北に長い長方形の自治体で、東側の沿岸部と西側の台地、山地よりなり、北の山下地区と南の坂元地区で構成されている。昭和三十年に山下村と坂元村が合併して山元町になった由。震災前の町の人口は一万六千七百人、現在は一万二千六百人に減っている。死者六百三十三名、町の三十七％が浸水、二千二百棟が全壊と甚大な被害による結果であろう。六項で既述したように「大震災の悲劇」九件のうち、以下の三件がこの山元町で発生している。すなわち、常磐山元自動車学校では、地震後約四十分経過して七台の送迎車が出発、先行の三台は死者を出さなかったが、四番目以降で二十五人が犠牲になった。裁判中である。また、ふじ幼稚園では地震直後に五十一名が大小二台のバスに分乗するも津波により九名が犠牲に、そして東保育園では残った十三人が車で逃げる途中三人が犠牲になった。

バス停から東の海岸方向に向かったところ、すぐに高架仕様となった新・坂元駅の工事標識が見えた。甚大な損傷で新駅再建となった新地、坂元、山下のうち、後の二駅は町の決定を受け、一キロほど内陸側に移設されることになった。この高架を過ぎるとその先は見渡す限り草地となっており、建築物は殆ど無かった。この南北に長い沿岸地区には六部落があったが壊滅し、多数の死者が集中しているのも肯けた。常磐線が全線再開することは必要かと思うが、この坂元新駅を利用する乗客はどれくらい戻ってくるのであろうかとつい思ってしまった。途中に道路工事の場所があり、従事している方に聞いたところ海岸までは立ち入り禁止で行けないとのことであったので行けるところまで行ってみることにした。一キロほどで旧・坂元駅跡に着いたが、更地になっており、その先の海岸方向は立ち入り禁止の看板が立っていた。県道三十八号線は何とか通じているようで、これを数キロ北に行った所に自動車学校跡があるものと推察したが、訪問はやめてバス停に戻ることにした。合掌。

再びバスに乗って一駅、山下で下車した。ここは山元町役場に隣接しており、やや高台にあった。役場の建物は全て仮設になっており、この大地震で損傷を受けた旧・役所の建物は壊されていた。本日は土曜日で閉鎖していたが、隣の歴史民俗資料館は開いており、入館した。内部には手芸の展示もあり盛んかと思われた。そこで、係の方に「ともこ」さんのメッセージと小編み物を示したところ、仮設住宅が八ヶ所あり、そのどこかで彼女が編んだ小物と共に東日本大震災支援マラソン事務局に送られてきたことがわかった。「ともこ」さん、あなたのメッセージに背中を押され、とうとうあなたの故郷に降り立ちました。頑張ってください。そして、ありがとう。

3 最後に集中被害を受けた名取市閖上《ゆりあげ》地区を訪問

バスでさらに亘理《わたり》駅に戻り、ここから列車に乗って、最後の訪問地とした閖上地区のある名取駅で午後三時に下車した。名取市は総人口七万七千人で仙台市の南に隣接し、さらに南の岩沼市と共に仙台空港を共有することから大震災後も仙台市と共に人口増を続ける希有な都市である。震災犠牲者は千二十七人で、そのうち北東部の沿岸に位置し、人口五千六百人の閖上地区で八百人近い犠牲者が出ており、これは市全体の大部分であることを示している。津波の高さは官民ともに想定外の約八メートルで最大、内陸五・五キロまで浸入し、海岸から一キロ以内の木造住宅はほぼ全て消失した。犠牲者が多発した要因のその他として、閖上大橋付近の五叉路で交通渋滞が起きて身動きが取れなくなったこと、第一避難所とされていた公民館から「閖上中学に逃げろ」というある人の忠告（今も誰と特定できていないという）に乗った人が途中で亡くなったことなどが挙げられている。そして、今後も閖上地区に戻って住みたいという住民は四分の一に減少したという。今も盛んに嵩上げがなされているが、比較的裕福な人達は既に閖上に別れを告げているようだ。

タクシーで第一に連れていってもらった所は、沿岸部で標高六・三メートルの日和山という人工の小山で、ここに上って避難した人達も犠牲になった訳である。閖上中学ではその日、卒業式で三年生は全員無事であったが、自宅にいた一、二年生の二十五人に犠牲者が出たという。中学校正門に向かって比較的広い道路があるが道路脇の鉄柵は左右に開くように倒れていた。名取川からの津波が正面から押し寄せ、鉄柵を開くように倒したのであろうか。また閉鎖となってしまった老人ホーム（おそらく「うらやす」であろう）の内部まで見せていただいたが、生々しい惨状のままであり、やはり多くの犠牲者が出ていた。なお授業があった小学校では犠牲者は出なかったという。ここでも紙一重の差が運命を分けた。なお、たまたまこの日に小中学校の校舎へのお別れ式が小学校の講堂であり、今後、小中一貫校として新校舎で再スタートするという。合掌。一時間ほどの視察で名取駅に戻り、仙台からはやて118号に乗って帰途に就いた。

4 四回の被災地訪問を終え

地震から大津波来襲まで数十分あったが、適切な判断で直ちに高台に避難し、一人の犠牲者も出さなかった多くの事例の一方で、犠牲となった方達は、この間に何を考え、何をしたのであろうか。「来ないであろう」、「来るはずがない」と判断を誤った結果、想定を大幅に超える大津波で多くの人が犠牲となった。だが、ここで被災地ではない人間が批判や論評をすることは「後出しジャンケン」の類いであり、不遜であろう。今回を教訓に大地震が来たら、いち早く少しでも高い所に逃げるという気持ちが徹底されたに違いない。また、いかなる大津波にも耐え得る防潮堤という概念は根底から覆り、沿岸部での非居住区域の設定や嵩上げによる高台移転等も今回の教訓から得られたものである。犠牲者の霊安かれと祈りつつ、生活している方々には東北人らしい粘り強い頑張りを期待している。筆者は決して被災地のことを忘れない。

東日本大震災被害状況：死者一万五千八百九十三名、行方不明者二千五百六十七名、震災関連死三千三百三十一名、合計二万一千七百九十一名（十月九日現在）。改めて合掌。

一二　完走七百回、現在の実力は出し切った

（平成二十七年十月三十一日）

当面の目標としてきた七百回完走が、いよいよ現実のものになってきた。五月二日に最後になるかも知れない一五Kを完走し、九日に一〇Kを六十九分二十八秒で完走して以降、走力がもう一段ガクンと落ちてしまった。アレ？　オヤ？　癌再発？　と思いつつ一〇Kで七十分台後半から八十分台前半の記録が続出したのである。こうなると一五Kはおろか一〇Kの制限時間の九十分を気にせねばならない状況になってきた。これでは、少しでも気を抜いたら七百回完走には到達できないとの危機感が頭をもたげたが、猛暑の八月を早朝ランで切り抜け、やっとカウントダウンに入り、まずは十月二十四日に六百九十九回目を迎えた。

1　十月二十四日㈯六百九十九回目：ああ、スタミナ切れ

本日の皇居マラソン一〇Kは午後一時半からの出走で、気温も九月上旬並みに上昇していた。今日の目標は前半よりも後半が速い走りとして記録にはこだわらないことにした。ところが前半は三十六分と最近にはない好記録。決して急いだ訳ではないが、後半には高温もあってスタミナ切れで

失速し、結局、七十四分二十七秒でゴールした。

もう完走七百回だからと言って、気取って、かっこよく走ることはできないのであろうか。ならば次回の本番では、市民マラソンへの感謝の気持ちで、一歩一歩を噛みしめながら、泥臭く走るしかないと思った。

十月三十一日(土)七百回本番：市民マラソンへの感謝の意は示せた

会場の桜田門時計台前広場に九時過ぎに到着した。本日は久し振りの「東日本大震災復興支援マラソン」で、多くの係員の方から頑張ってと声をかけられたり、握手を求められたりした。昨年のテレビ放映用の撮影がこの大会だったので、すっかり有名になってしまった。嬉しい限りであるが、静かに走りを楽しむ環境ではなくなっている。

一〇Kと五Kは九時三十五分に四十名ほどで同時出走した。それこそ一歩一歩これまでのマラソンを回顧しつつ走ったが、良い気分であった。そして最初の五Kは三十五分と前回と同じで、またスタミナ切れにならないように願った。幸い本日の最高気温予想は十七℃と先週の二十五℃よりかなり低い。重い感じはなく、九キロ地点に達したところで六十二分台と七十分未満を確信でき、込み上げるものがあった。こうして六十七分四十五秒で完走することができ、市民マラソンに感謝の意は示せたというのが最大の走後感であった。ゴール地点にいた家内が自製の「祝・七百回記念」と書いた紙を持参してくれたので、それを持って記念写真を撮ってもらった。なお本日は結婚四十五周年記念日であり、ダブル記念日になった。

このように筆者としては現在の力を出し切った満足すべき記念レースであったが、後日の記録では、男子の出走十六名中の最下位であった。それでも一〇Kの制限時間の九十分まで、もう少し参加できそうである。ケガに苦しめられて幕下陥落が確定した段階で引退表明した若の里関のように、「本音を言えば、まだまだやりたかった」のではなく、「これでやり切った。もう思い残すことはない」と思えるまで頑張ってみたい。

2　一〇K完走二百八十四回の分析

市民マラソン初参加は二十九年前、四十一歳時の「札幌マラソン」の一〇Kで、記録は四十八分二十六秒で六百九十七人中、三百七十二番であり、初回としては大満足であったが、マラソンに対する身体能力が特に優れたものではないことも認識できた。

この初レース以降、本日の七百回記念は一〇K種目としては二百八十四回。最高記録は初回からわずか二回後の平成元(一九八九)年十二月十日の東海シティマラソンでの四十五分五十二秒、最低記録は平成二十五(二〇一三)年七月三日の皇居マラソンの八十六分四十七秒である。これを十分刻みの回数を見てみると、四十分台：二十四回、五十分台：百四回、六十分台：百回、七十分台：四十八回、八十分台：八回で、五十～六十分台で七二％を占めていた。今後も一回一回と完走を重ねていきたいが、できれば来年十月二日の札幌マラソンに参加して満三十周年を祝いたいものである。

3　七百回完走後の心境の変化

皇居マラソンを一回でも多く走りたいとは、一〇Kの制限時間九十分を想定してのことであった。しかし、制限時間にこだわらなくても良いのではないかというのが大きな心境の変化で、それには自主ランの経験が大きい。一人で走るのであれば時間には関係なく走ることができる。ここが大相撲の若の里関と違って、アマチュアの健康スポーツである。これまで三十年間、週末には市民マラソンという習慣はすっかり筆者の身体にしみ込んでおり、週末にこれがないと一週間全体のメリハリが無くなってしまうような気がする。「ノーラン、ノーウィークエンド、即ち、走りのない週末なんて」である。そうであれば、八百回完走も夢ではないかも知れない。

第三章
津波災害地の仮設から
復興公営への住宅整備は道半ば

（平成二十八年二月～六月：七十歳～七十一歳）

東日本大震災復興支援皇居マラソンに二十回エントリーした記念に被災者の方から書かれたメッセージを受け取ったのをきっかけに、平成二十七(二〇一五)年五月に初の被災地訪問の地に陸前高田市の奇跡の一本松と近隣の気仙沼市街を選んだ。一本松は復興の希望のシンボルとして最初の地に相応しかった、というよりもほかに思い浮かばなかったと言って良い。その後、八月から十月にかけて、まずは石巻線の全線開通で石巻地方、次は震災遺構に決まった高野会館と遺構候補である防災対策庁舎のある南三陸町、といずれも新聞記事からの情報で選んだ。そしてさらに、メッセージの発信元である山元町の訪問と続いた。訪問はこの四回で一段落したが、被害の最も大きかった宮城県に集中し、岩手県は陸前高田市の一本松にほんの一歩踏み入れた状態、また福島県も原発避難指示区域は訪問できないので北端の新地町とその南に隣接する相馬市にとどまった。

そこで、翌平成二十八(二〇一六)年春を待って岩手県を集中的に訪問することにした。まず「万里の長城」と称された防潮堤を誇っていた宮古市田老地区を選び、敢えて震災五周年の3・11に訪問した。これには慰霊の気持ちと共に寒さを体感する意味もあった。そして翌四月は「釜石の奇跡」と呼ばれたエピソードのある釜石地方、そして一連の被災地訪問の一応の締めくくりとして一本松の再訪を含め陸前高田全域を視察することにした。

回を重ねるに従い、次第に震災遺構の視察と合わせ、嵩上げや高台移転の工事自体の進捗状況も気になっていった。素人考えのそしりは免れないかも知れないが、どうしてこんなに工事が遅れているのだろうというのが実感だったからである。そして工事が遅れれば遅れるほど、震災以前から三陸地方が持つ「壁」、すなわち、人口減と産業の沈滞による地域の衰退が加速するおそれが現実になってきているという……。

一三　読売新聞「ストーマと生きる」シリーズに五人のうちの一人として掲載される

（平成二十八年三月一日）

平成二十八年二月五日（金）：読売の記者が取材で来宅される

　これに先立つ二月一日（月）に読売新聞の佐藤と名乗る方から、オストメイトの取材をしたい旨の電話があり、本日午後二時に来宅された。いただいた名刺には「編集局医療部記者　佐藤光展」と書いてあり、既にベテランの域の方とお見受けした。読売新聞の医療ルネッサンス欄は筆者が教授の時代には医局で取っていたものを愛読しており、既に六千回を超える長寿欄である。来宅時、持参された筆者の著書「走る定年教授の充実オストメイト・ライフ」の各頁には多くの付箋が貼られており、既に熟読されておられる様子であった。そこで、筆者が講演に使用したＰＣを用いて、仮設ストーマを永久受容した経緯をディスカッションを交え一時間ほどお話ししたのち、補遺的な質問応答を終えて三時半には帰られた。これで取材は終わりで記事になるとのこと、さすがに「天下の読売」の記者と、かつて大学新聞部にいた筆者も感心しきりであった。しかも後日、走っているオリジナル写真が必要とのことで再来された際にも、予め自宅周辺の撮影場所を下見しておられる手際の良さでわずか二〜三分で撮影が終わった。

1 二月二十五～二十六日と二十九日から三月二日までの五日間：各一人ずつ紹介

表8（110ページ）の登場者一覧に示したように、初日の二十五日(木)は声優の真山亜子さん(57)。我々オストメイトの仲間では有名な存在。難病指定の炎症性腸疾患クローン病で四十二歳時にストーマ造設。公表したうえで、面識のない人にストーマを積極的に話す訳ではないが、親しい方や仕事を一緒にする仲間には告げているというスタンス。「舞台女優として本格復帰した今回の公演では七日間計十一回をこなし、舞台を誰よりも駆け回った。病気に悩む人たちを勇気づける新たな人生の幕が上がった」。オストメイト仲間としての筆者からのエール（以下、同様）：お会いできる日を楽しみにしています。

二十六日(金)は匿名のA子さん(35)。二十四歳時に直腸癌でストーマを造設後、交際していた男性からの連絡は途絶えた。失意の中、女性患者のための交流組織「ブーケ」に入って勇気づけられた。それをきっかけに、その後、新しい職場で出会った男性と結婚し、困難とされる出産にもこぎつけた。筆者：本当におめでとうございます。

週明けの二十九日(月)は匿名のB子さん(39)。先天性のヒルシュプルング病（註参照）で生後十九日目にストーマを仮設、一歳時に閉鎖するも、物心がついた時に一日に何度もトイレに駆け込む「トイレノイローゼ」に。手術後遺症の腹膜炎を契機に二十二歳時に再度造設。ストーマのことを理解してくれる男性と結婚、二人の女児にも恵まれた。「いろんなことに挑戦して、豊かな人生にしたい」。

筆者：大いに楽しんでください。

三月一日(火)は筆者。的確な佐藤氏の文章を筆者特権で全文掲載とする（後出）。

三月二日(水)の本シリーズのトリは柿本聡さん(35)。二十七歳時に直腸癌でストーマ造設。二〇一五年十月の世界オストミーデイの講演会で東京でお会いし、柔道長野県大会優勝の経歴のある氏が柔道着で熱演される姿に感銘を覚えた。癌細胞が全て消えた訳ではないが、「広告塔」の務めを果たすべく元気に活躍中で、それには本当に頭が下がる。年齢は違っても「オストメイトの方々に元気を届けたい」という思いでは筆者の同志である。お互いの任務遂行に向けて頑張れればと願っている。

表8：5人のストーマ原疾患と造設年齢、他

氏名	職種	原疾患	ストーマ造設	備考
真山亜子さん(57)	声優	クローン病	42歳時	舞台女優に挑戦、希望の星
匿名A子さん(35)	会社員	直腸癌	24歳時	結婚・出産を体験
匿名B子さん(39)	主婦	ヒルシュプルング病＊	生後19日目に仮設。22歳時に再造設、出産	
筆者(70)	歯科医	下行結腸癌	62歳時	67歳時に仮設を永久受容
柿本聡さん(35)	介護士	直腸癌	27歳時	柔道教室主宰、県大会優勝

＊ヒルシュプルング病：1886年にデンマークの内科医、Harold Hirschprungによって報告された。消化管の蠕動《ぜんどう》運動を司る神経叢《しんけいそう》の先天性の欠如によって、新生児・乳児期より腸管拡張・腸閉塞像を呈する疾患。無神経領域の広さにより、根治手術を行う場合や、人工肛門や小腸瘻《ろう》を形成する場合がある（Wikipedia）。

2　三月一日㈫筆者の記事全文：「走り続けて理解広める」

金沢大学名誉教授（歯科口腔外科）の山本悦秀さん（70）は、2005年以降、金沢大病院で三度のがん手術を受けた。最初は下行結腸にできた大腸がん。手術は成功したが、2年後、上部直腸に再発し、08年には肝臓に転移が見つかった。「5年生存率は20％〜50％」と主治医に宣告された。

それから8年。山本さんは元気に過ごしている。体内にがんの影はなく、東京都目黒区で歯科診療を続ける。不安にさいなまれた自分の闘病体験に学び、以前にも増して、患者への声かけや丁寧な説明を心がけるようになった。

健康維持のため39歳で始めたランニングは今も欠かさない。10キロ以上のマラソン大会出場は700回を超えた。「がんを克服できたのはマラソンのおかげ」と考えている。数年前からは新たな役割を自分に課した。「オストメイトの広告塔になること」だ。

オストメイトは、大腸がんなどの手術で、腹部に排泄口のストーマをつけた人たちのことだ。山本さんは07年の2回目の手術の時につくった。仮のストーマで、いずれは残った腸管をつなぎ直し、閉鎖するはずだった。肝臓の切除手術から3年が経ち、山本さんはストーマを閉じる手術を望んだが、主治医は表情を曇らせた。

「腸の状態が良くありません。無理につなぐと縫合不全や腹膜炎が起こり、命に関わる恐れがある」

「話が違う。仮設のはずではなかったのか……」

だが、すぐに気持ちを切り替えた。「生きられたことに感謝して、今の自分に何ができるか考えよう」

オストメイトの認知度は、告白する人が少ないため現在も低い。パウチ（便を受ける袋）の洗浄装置を備えた障害者用トイレは普及したが、服を着ると障害がわからないオストメイトが障害者用トイレを使うと、苦情を言われやすい状況が続いている。

「オストメイトをもっと知ってもらうことが、患者であり、医療者でもある私の役割」。山本さんはそう考えた。著書でストーマのことを明かすと、テレビや雑誌の取材が相次いだ。近年のパウチの改良はめざましく、マラソンを走っても問題がないことを患者や社会に知らせることができたのは、大きな収穫だった。

「患者にとって、同じ病気の患者の情報がないことほど不安なことはない。これからも走れる限り走り続け、患者の可能性を広げる情報を発信し続けたい」（以上）

一四　五年後の3・11に、崩壊した巨大防潮堤を望む

（平成二十八年三月十一日～十二日）

東日本大震災が発生して以来、一度は訪問したいとずっと思ってきた背中を五年目になって最後の一押しをしてもらったのが、復興支援の皇居マラソンに参加した際に被災者からいただいたメッセージであることは前述した。その際、どこを訪問するかについてはあまりにも沿岸被災地が広くこれも難題であった。そこでまずは被災当初から話題になった陸前高田の奇跡の一本松を皮切りにした。その後も全てに選択の理由があって、次は仙台からの石巻線が復旧したので女川や東松島を含む石巻地方全体、三回目は震災遺構候補としての防災庁舎と保存が決定した髙野会館から南三陸町、そして四回目がメッセージ発信元の山元町であった。

さらに今回は、津波に対して大原則として防潮堤で対処してきた象徴と言える巨大防潮堤が崩壊し、その根本理念を変更する道を選択した宮古市田老地区とした。加えて、時期的にこれまで五月～十月に訪問してきたが、震災当日に紙一重で津波から逃れたにもかかわらず濡れた着衣のまま暖を取るすべもなく「低体温症」で命を落とした方々が少なくないことを知り、被災当時の気温を体感すべく、三月十一日に被災地に降り立つことにしたのである。

三月十一日（金）：地震発生の午後二時四十六分、宮古駅前で黙禱す

東北新幹線の東京駅発八時二十分のはやぶさ5号に乗車し、盛岡に十時三十一分着。ここで山田線に乗り換える予定であったが、昨年十二月の脱線事故から不通となり、バスでの振替輸送となっていた。

山田線の時刻表では盛岡—宮古間の直通は一日四本のみで、しかもこの区間約百キロでは復興支援道路「宮古盛岡横断道」の整備が進んでおり、このまま不通が長引くと廃線かとの危機感もあるようだ。一方、急行バスは一時間に一本の間隔で筆者は十一時四十分発に乗車し、一回のトイレ休憩を挟んで午後一時五十七分に宮古駅前に到着した。当初の予定では北リアス線宮古駅発一時十五分に乗車し一時三十四分に田老駅で下車、二時四十六分の黙禱は巨大防潮堤でと決めていたが間に合わず、宮古駅前でサイレンを合図に皆さんと共に黙禱した。ＪＲと三陸鉄道は駅舎が別々で、後者の左脇には日章旗が立てられ、その半旗の上の黒い喪章の帯が強い風ではためいていた。そして一本遅れの宮古三時五分発久慈行きの一両ジーゼル車に乗って一五キロほど北上し、いくつかのトンネルを通過して四駅目の田老に三時二十七分に到着した。無人駅で高架に建てられており、津波の被害はなかったようだ。

さて宮古市は周辺の町村と合併を重ね、平成二十二（二〇一〇）年一月に今日の形となり、敷地面積は岩手県最大で被災前の人口は六万三百二十八人となっていた。その一つの旧・田老町は平成十七（二〇〇五）年に宮古市に合併しており人口は四千四百三十四人で、今回の津波の犠牲者は市全体

の五百十七名のうちの百八十一名と地区別では断トツであった。

プラットホームを降りて駅前駐車場でタクシーを探したところ、一台あったので近づいてお願いした。たまたま予約が入った直後であったが、無線で本部に連絡していただき、とにかく被災の中心部まで送っていただけることになった。iPadの地図で見ても遠くないようであるが、説明がないと被災状況を充分に理解できないのでガイドの意味が大きい訳である。まずはすぐに防潮堤に連れていってもらった。

田老地区はかつては「津波太郎」とも言われ、その防潮堤は死者・行方不明者九百十一人を出した昭和三陸津波（一九三三、昭和八年）を教訓に建設された。町を守るようにX字型に交差整備された高さ十メートルで全長二・四キロの二つの堤防は、スーパー堤防・万里の長城と呼ばれ、チリ地震津波からは守ってくれたが、今回はたやすく乗り越えられてしまった。ちなみに津波高は八・五メートル、遡上高は田老小堀内地区で三十七・九メートルであったという。海岸から見てX字の交差部から左上で陸側の防潮堤に階段を歩いて上り、北東方向を見ると、残骸となったX字の右下部分を望むことができた。この残った防潮堤では午後二時四十六分から三百人の地元住人が手を繋ぎ黙禱したと翌十二日の岩手日報が伝えていた（間に合わず残念なり）。また左下の部分も交差部付近から先は確認することができず、海側の防潮堤は全壊したようであった。

さらに、ここから北方にある唯一高いビルの「たろう観光ホテル」を望むことができ、その後方の高台には防災集団移転促進事業としての山王団地を遠望することができた。また左手には新・野

写真5：「万里の長城」の異名を誇った宮古市・田老地区のX字状防潮堤の海側部分の残骸。3.11夕刻の現地の厳しい寒さも追体験した。

球場を見ることができたが、街の中心部はがれきが撤去され、整地が行われた状態で建物は殆ど見られなかった。なお、気温は五℃前後と低く、当日予測では最高六℃、最低マイナス四℃とされたが、運転手さんによると、五年前はもっと寒く翌日には十センチの積雪があったという。すなわち、震災当日は小雪が降る〝春は名のみの〟早春の寒さ（早春賦）だったと理解できた。津波から辛うじて生き残ってからも大変な体験をされたと改めて思ったが、それでも真冬でなかったことが低体温症死をこれ以上増やさなかったことでかすかな救いだったと言えるかも知れない。

車に戻ってその残骸部に行ってみると、その中心に防潮堤という左右の翼をもがれた水門が孤立する寂しい姿を露呈していた（写真5）。『東日本大震災全記録』（河北新報社、二〇一一年）によると、「津波は陸側防潮堤も乗り越えて漁協ビル二階部分が膝までつかり、一時孤立した。午後四時半ごろ、田老川の水門が水圧で押し開かれ、水が徐々に引き出した。三～四百メートル離れた場所にあった住宅が流れ着き、海岸側の堤防は粉々に打ち砕かれていった。がれきの荒野となった中心部でプロパンガスが漏れて爆発する音が聞こえた。あちこちで火の手があがり、瞬く間に燃え広がった。流された家の屋根で助けを求める人の姿も見えた。（中略）最後の町長を務めた野中良一さんは〝立派な防潮堤があるという安心感から、逃げ遅れた多くの人が亡くなった。残念というほかない〟」と書かれていた。

次いで、ここから歩いてすぐの「旧・たろう観光ホテル」の前に立った。立派な建物の二階部分までですっかり内部は無くなっていたが、その上部構造はそのままの状態であった。幸いに津波来襲の時刻はホテル宿泊者が少ない時間帯で、犠牲者が一人も無かったことから、石巻市立大川小学校など犠牲者が多く、撤去を望む家族と保存を望む卒業生などの意見対立とは異なり、国の支援もあって震災遺構に指定された（国指定第一号：二〇一三年十一月十五日）。四月からは「学ぶ震災ガイド」により内部も公開される予定で、同ホテルの社長さんが津波来襲時に六階から撮影した映像をこの場所限定で上映紹介するという。またホテル周囲には報道関係者と思われる人達が何かの準備をされていたが、これはホテルに戻って午後九時からのＮＨＫニュースを見てわかることに……。ちなみに新ホテルは既に東側の高台に移転開業していた。次に車で高台住宅を見て回ったが立派な住宅が並び、その中心部には消防署や診療所が設置されていた。そのあと車で足を延ばして名勝の山王岩などを回っていただき、五時過ぎに田老駅で降りた。

今後の各地の防潮堤建設については賛否両論あるいは部分修正建設案があるようで、総延長四百キロの概ね傾斜型防潮堤の工事が進行中という。それぞれの自治体で高台保有の有無などもあって、平地の多い陸前高田市では以前より高い十二メートル余の防潮堤の工事が進んでいるという。二月十九日に東京で開催された「震災5年と被災地域の未来を考えるシンポジウム」で山本正徳宮古市長は、「……田老地区は明治三陸大津波（一八九六年）、昭和三陸大津波（一九三三年）でも被災した。『明治』では被害を受けた場所にそのまま再建し、『昭和』では山の近くに移り、防潮堤を造ったが、それでも防ぎきれず、今度の津波後は、市民との対話を一年間かけて行い、住宅を高台に移転するという判断をした」と述べておられる（読売新聞三月十一日）。防潮堤に頼らない地域づくりへと舵を切られたことになるが、ちなみに市長は田老出身、筆者と同姓で、同業の歯科医師でもあり、今後の市の復興に向けてのさらなる御貢献を祈念して、午後五時二十四分の列車に乗り、田老を後にした。

再び宮古駅に戻り、予めコンビニで弁当を購入し、近くのホテルにチェックインした。その理由は今夕のNHKテレビでは午後六時の「おばんです・いわて」から十時の「東日本大震災五年特集」終了の十一時二十分までほぼ震災関連番組であり、その内容をチェックするためであった。そうしたところ、九時からの「ニュースウオッチナイン（NW9）」では先ほど視察したばかりの「たろう観光ホテル」をバックにしての放映であった。河野憲治キャスターと鈴木奈穂子アナウンサーに加え、ゲストとして俳優・映画監督の伊勢谷友介さん、と同ホテルで四月から内部公開される際の「学ぶ震災ガイド」元田久美子さんが参加され、主に震災遺構のあり方や活かし方について実例を紹介しながら四十分にわたり議論がなされていた。その中で、南三陸町の防災対策庁舎（＝二十年後に保存か否かを決定）から避難勧告の放送を流し続けて殉職された遠藤未希さん二十四歳の両親が出した答えは民宿「未希の家」の立ち上げだった。また震災遺構以外に印象的だった内容を挙げると、まずは「津波てんでんこ」という標語（津波災害史研究家・山下文男、旧・田老町での第一回全国沿岸市町村津波サミット、一九九〇年）で「てんでんこ」とは各自てんでんに、〝津波が来たらほかの人にかまわず高台に逃げて命を守れ〟という意味で、これを守った人は助かったこと。特に釜石市鵜住居《うのすまい》地区は津波で壊滅状態となったが迅速に山林に逃げた鵜住居小・釜石東中学生の約五百七十名が全員無事で、全市約三千人の小中学生の生存率も九九・八％を達成し、「釜石の奇跡」と呼ばれている（次項に詳述）。ほかには、高台住宅に入居しても高齢者が多く、ほどなく空き家が増えるのではとの論調の中、「少しの期間でも良いから住みたい。まさか仮設住宅から死んで出たくない」という大槌町の女性の声も心情的に理解できた。こうして筆者の今年の3・11は地元ホテルでのテレビ視聴で更けていった。

三月十二日(土)：浄土ヶ浜の小島の松も枯れていた

朝八時二十分発のバスに乗って十五分ほどの、景勝地・浄土ヶ浜に行ってみた。ほぼ半世紀ぶりの訪問で記憶が鮮明ではないが、どこか違うなと思ったのは眼前の小島が禿げ山状態で、豊かだった松が津波によって冠水し枯死したのではと推察した。それでも今日の海面はおだやかで澄み切っており、回復途上の名勝が筆者を歓迎してくれていた。

まとめ

こうして五回目の視察を終えたが、未曾有の大被害からの復興はいまだ途上という印象である。また震災当日は相当に寒かったであろうことを思うと誠に同情に堪えず、寒さを体験できた今回の3・11の訪問はその点からも意味があったと思っている。筆者にとって、二〇一一年三月十一日(金)は定年直前の金沢大学教授として同月四日の医学科の退職記念会と十九日の教室の退職記念会の中間で、後者については実施して良いのかと悩んだが決行させていただいた。そして三月末に定年退職。被災地の復興は筆者の定年後人生と軌を一にしており、今後も被災地に関心を寄せていきたいと思う。

一五　防災教育と避難訓練の賜「釜石の奇跡」に喝采

（平成二十八年四月二十九日～三十日）

東日本大震災の被災地訪問も今回で六回目となる。学童全員を無事避難させた石巻市立門脇小学校のことについては、第六項で、悲劇の同市・大川小学校との対比で取り上げたが、今回は全市内の小中学校の在校の生徒約三千名の生存率が九九・八％で、「釜石の奇跡」と呼ばれている釜石市の中でも代表的事例となった鵜住居地区を視察の中心にすることにした。さらに近隣自治体として、前回訪問した岩手県内の宮古市と今回の釜石市との間にある山田町と大槌町を加える日程とした。

四月二十九日（金・祝）：山田町と大槌町を予定通り視察することができた

東北新幹線の東京駅発七時十六分のはやて111号に乗車し、新花巻駅に十時着。ここで釜石線十時九分発に乗り換え、東のリアス式海岸に向かった。ほぼ中間で「遠野物語」で有名な遠野市を通過し、釜石駅には十一時五十八分に到着した。駅構内の立ち食いそば店でうどん昼食を摂り、岩手県交通バスの十二時二十八分発に乗車し、一路北上し、復路に下車予定の鵜住居と大槌橋を通過し、終着の「道の駅やまだ」に午後一時十四分に到着した。大きなみやげ物店内に入って「東日本大震災　山田の記録」を購入した後、今度は岩手県北バス一時三十六分発に乗ってもう少し北上し、最初の目的地で山田町の中心街がある「山田中央」に一時四十三分に到着した。道の駅から当地まで足を延ばした大きな理由の一つに、筆者が東京医科歯科大学第一口腔外科時代に一緒に臨床研究をした四年後輩の佐藤建夫先生の実家が当地にあり、あの大震災で跡形もなく消失したことを事前に電話で聞いていたからであった。筆者にとってそういう体験のある身近な人は彼が唯一であり、義兄の医師も犠牲になって今なお行方不明とのことである。

1

「津波に強い」過信あだ　第一波が小さく住民戻り、犠牲（河北新報四月十七日の見出し）

下閉伊郡山田町は岩手県沿岸部のほぼ中間に位置し、人口一万八千余人（平成二十二年）で大震災での死者・行方不明者八百十八人（平成二十五年十二月）、家屋全半壊三千百余棟、山田漁港での津波遡上高は九・八メートルと記録されている。当日の被災状況について、少し長いが河北新報の記事概要を引用する。

津波に強いと言われた山田湾に面した岩手県山田町で、津波による死者・行方不明者が900人（原文ママ）を超えた。目撃者の証言によると、最初に見えた津波が低かったことに安心した住民が自宅に戻り、その後の大津波にのみ込まれたという。波静かな山田湾という住民の固定観念が、被害拡大につながった恐れがある。

「山田は今回の津波でも大丈夫だ」。3月11日午後3時過ぎ、町中心部の住民が避難した高台でこんな声が上がった。

住民によると、高台から見えた最初の津波は、じわじわと堤防からあふれるような様子だった。勢いは弱く、高さ3メートルの防潮堤に跳ね返された。

南北の半島が円状に海を取り囲む山田湾は湾口が500メートルと狭い上に、湾内の幅は最大約4キロに及ぶ。波は広い湾内で威力が減殺され、普段は白波さえ立たず、台風の時は船の避難場所となる。町役場近くの高台に避難していた佐藤義英さん(76)は「大勢の人が持ち物を取るため高台を下って家や職場に戻った」と証言する。

高台にとどまった飯岡清助さん(59)は約十分後、信じられない光景を目にした。湾内に浮かぶ2つの島の間の海底500メートルが完全に露出し、間もなく、大きなうねりが襲った。

昭和三陸津波(1933年)は岩手県沿岸部で2500人以上の犠牲者を出したが、当時の山田村の犠牲者は7人だった。その後の津波や台風でも被害は軽く、三陸で最も波に強い湾と評されていた。

さて、山田中央でバスを下車後、佐藤先生から目印と教えられた龍昌寺を目指したところ、中心地の北側にすぐに見つかった。やや高台にあり、浸水はあったが建物は大丈夫であった。ここから百メートルほど海岸方向に下りた所に彼の実家があったとのことであるが、海岸付近を並走する国道45号線やその先(おそらく移転促進区域であろう)には民家はなく高さ五メートルほどの白い屏風のような新しい防潮堤が見えるのみであった。

被災当日、街の中心地は火災にも見舞われ、家屋の被害がさらに拡大した由。今、その地域に住宅はなく、嵩上げ地に災害公営住宅と思われる六階建ての大きな建設現場が見られ、また今冬には「新生やまだ商店街」がオープンするという大きな看板が掲示されていた。一方、レールや枕木がなく、野草が生い茂る状態のＪＲ山田線を中心地の南端部に確認できたが、復旧するとしても一体いつになるのか案じられる状態であった。最後に犠牲となられた方々に合掌。そして山田町、頑張って！

帰途に就くべく午後三時前にバス停に戻って時刻表を見たところ、次発四時五十五分を三時十五分と誤認していたことに気付き、道の駅まで約四キロを重い荷物を背負って歩くことになってしまった。予定していた道の駅発三時四十三分のバスに何とかぎりぎりに間に合い、次の訪問地である大槌町に戻ることにした。

2　「津波の前必ず引き潮」「誤信」悲劇　濁流三方から一気（河北新報五月一日の見出し）

道の駅を出発したバスが四時二分に大槌橋のバス停で下車する頃には激しいにわか雨があり、親切な運転手さんが正規のバス停から五百メートルほど先のバス路線中で旧・町役場に最至近の場所で降ろしてくださった。こうして大槌町での第一の目的地に立つことができ、しかも当初は半壊したこの建物の前に設けられた屋根付き祭壇内で雨宿りしていたところ、わずか十五分ほどで雨が止み、しばらくして晴れ間さえ出てきた。

さて下閉伊郡大槌町は人口一万五千二百余人（平成二十二年）、死者・行方不明者は一千二百八十六人（平成二十四年一月）、家屋の全半壊三千七百十七棟、役場周辺の浸水高は十一・一メートルとやはり甚大な被害を被った。「犠牲者率」とは浸水地域の住民のうち、犠牲になった人の割合を算出したもので、高い順に女川町一一・二％、大槌町一〇・七％、陸前高田市一〇・七％、浪江町一〇・〇％と大槌は二番目に高いとされている。当日の被災状況について、これも少し長いが河北新報の記事概要を引用する。

3月11日午後3時過ぎ、大槌町中心部の高台に逃げた住民は、不可解な海の様子に首をかしげた。大津波警報は出されていたが、海面は港の岸壁と同じ高さのまま。潮が動く気配はなかった。「潮が引かない。本当に津波が来るのか」。そんな声が出始めた。大槌町中心部は、大槌川と小槌川に挟まれた平地に広がる。津波の通り道となる二つの川の間に開けた町の海抜は10メートル以下。津波に弱い一方で、山が近くに迫り、すぐに避難できる高台は多い。

高台にいた住民らの話では、海面に変化が見えない状態は20分前後、続いたという。ＪＲ山田線の高架橋に避難した勝山敏広さん（50）は、「避難先の高台から声が届く範囲に住む住民が『潮が引いたら叫んでくれ。すぐに逃げてくるから』と言い、自宅に戻った。貴重品を取るためだった」と証言する。複数の住民によると、高台を下る住民が目立ち始めたころ、港のすぐ沖の海面が大きく盛り上がった。勝山さんは信じられない現象に一瞬、言葉を失った。「津波だ」と叫んだ時には、既に濁流が町中心部に入り、自らの足元に迫った。「なぜ潮が引かないのに津波が来たのかと、海を恨んだ」と勝山さんは嘆く。町中心部の銀行の屋上から目撃した鈴木正人さん（73）は、「2本の川と海の3方向から入った津波が鉄砲水のようになって住民と家屋を呑み込んだ」と振り返る。

東北大大学院災害制御研究センターの今村文彦教授は「湾の水深や形状から潮の引きが小さくなったことに加え、港の地盤が地震で沈下し、潮が引いたようには見えなかったのではないか」と推察している。

一方、その時、町役場ではどうだったかを『東日本大震災全記録』（河北新報社）の百五十四～百五十五頁から抜粋、引用するが、町長はじめ四十人の職員が庁舎内で犠牲になっている。

地震が起きた時、海岸から300メートルほどの町役場では「老朽化した庁舎内では危険だと判断し、災害対策本部は外（註：高台の公民館を想定）に置こうと思った」。東梅政昭副町長（66）は振り返る。玄関脇の駐車場に机やいすを並べていた。その時だった。「津波だ」。誰かが叫んだ。遠くに黒い波が迫るのが見えた。逃げる場所は、庁舎の屋上しかなかった。2階から屋上へ続く幅30センチほどの鉄製はしごには約60人ほどの職員が殺到した。屋上までたどり着いたのは、東梅副町長ら22人。加藤宏暉町長（69）の姿はなかった。「いつの間にか職員の間で、危機感や防災意識が薄れていたのかもしれない」と東梅副町長は悔やむ。

筆者が訪問した際、旧庁舎は立ち入り禁止になっており、その姿は職員の無念を見るようだった。

写真6：職員約60人のうち、生存は22名という大きな犠牲を出した大槌町役場。引き潮の前兆なく津波が襲い、全町でも多数の犠牲者を出し、行方不明者は全自治体のうちで最多。

合掌。現在、本庁舎の存廃について町と住民で議論が重ねられている。被災時に総務課主幹で解体を公約に町長選で当選した平野公三・新町長は、十一月頃に存廃を判断する意向、と本日の岩手日報が伝えていた。その後、さらに大槌川の河口付近に行ってみたところ山田線の橋脚のみが残る風景があり、ここでも津波の凄さを思い知らされた。

こうして本日の日程を終了し、大槌橋に戻ったところ、応急仮設住宅の大きな案内看板が出ていた。赤浜、安渡、小槌、大槌の各地区の方向に矢印が付されていたが、被災家屋の住民の八割が今なお仮設暮らしという。同町ホームページの仮設住宅マップを見ると大槌仮設町とも言える現状である。お辛いでしょうが、もうしばらく頑張っていただきたいと願いつつ、大槌橋発五時四十七分のバスに乗車。六時十六分に釜石駅に再到着し、直ちに隣接のホテルに投宿した。

四月三十日(土)：釜石市では鵜住居地区の視察と湾口防波堤の遠望

岩手県釜石市は改めて言うまでもなく、かつての製鉄の街、そして今もラグビーが盛んな街である。人口は三万九千五百余人（平成二十二年）、大震災での死者・行方不明者一千四十二人、家屋の全半壊三千六百余棟と大きな被害を受けた。また魚河岸地区での浸水高は八・九メートルと記録されている。

1　鵜住居《うのすまい》地区は早朝に訪問

午前五時に起床。朝食前に、五時五十六分発の道の駅やまだ行きのバスに再度乗って、今回の主目的である鵜住居のバス停に六時十一分に到着した。当地区は釜石市中心部から御在所山の裾野にあたる峠を一つ越えた北端地域に位置し、昨日の往復を含め三回目になるがここで下車したのは筆者のみ。現在は同地区に住宅がないため利用する人がいないということだろう。バス停から東方向の鵜住居川河口・大槌湾を見渡すと目測で約二キロ四方に建物はなく、地盤の基礎工事等が行われている状態で後方と右手には高台が迫り、復興住宅や学校等の建設が進捗中であった。工事で立ち入り禁止の区域の間を縫って「釜石の奇跡」の主役となった鵜住居小学校と隣接する釜石東中学校跡地に向かって歩いて行った。地元に住んでいた人でさえ、自分の家がどこだったかわからないほどの変貌とされているが、iPadと震災記録本の中の地図とを照合しながら十分ほどで到達することができた。途中に予想外にも中年男性と行き交い、尋ねてみて間違いでないことが確認できた。両校跡は広い平坦な敷地となっており、学校跡を示すものは何もなかった。ここが二〇一九年のラグビー・ワールドカップの会場の一つになる場所で、居住できない移転促進区域であることから打って付けの候補地として抜擢されたのであろう。この地で、のちに「釜石の奇跡」と称賛される見事な避難行動が成し遂げられたのである。これも長くなるが、『東日本大震災全記録』百六十二〜百六十三頁より抜粋引用する。

激震に見舞われた午後2時46分の鵜住居小。尋常ではない揺れ。外を見れば、釜石東中の生徒たちがバラバラになって南へ走っている。教師たちは即座に「逃げろ」と号令を掛けた。時計は午後3時を指す直前だった。「走るんだ！」。目指したのは南へ約600メートル離れた民間の介護施設「ございしょの里」。泣きじゃくる1、2年生の手を上級生が引いた。介護施設に集まった両校の児童生徒は約570人。近所の住民も加えると700人はいた。突然、中学校の教員が叫んだ。「裏山の山林が崩れそうだ」

子どもたちはまた、走った。目指したのは南に約400メートルの「やまざき機能訓練デイサービスセンター」。中学生は小学生と手をつないだ。大人も逃げた。午後3時20分ごろ、学校の方角を見ると、十数メートルの高さの津波が両校を丸ごとのみ、介護施設も襲い、迫ってきた。「逃げないと危ない」。誰彼となく悲鳴のような声が上がった。児童の一部はデイサービスセンター東側の山林を駆け上がり、残りはさらに南へ、走った。津波はデイサービスセンターの手前で止まった。同地区では7割近い建物、市の被災全体の4割に上る約1800戸が被災したが、小中学校では一人の犠牲者も出さなかった。釜石東中の村上洋子副校長（53）は、「日ごろの防災教育のおかげ」と語る。4年前から群馬大などと協力し、津波防災教育を授業に導入した（＊註参照）。2年前からは年に一度、鵜住居小と合同訓練も実施。「小学生を先導する」「まず高台に逃げる」との教えを徹底してきた。「『てんでんこ』が大事だって何度も教わっていた。思いっきり走った」と3年生の佐野凌太君（15）は言う。

＊註：群馬大学災害社会工学研究室の片田敏孝教授は実効性の高い防災教育として「津波避難の三原則」を提唱されている。それは①「想定にとらわれるな」、②「最善を尽くせ」および③「率先避難者になれ」である。釜石東中学ではそれに基づき、防災教育の大前提として「常に真剣に取り組む」と「自分で判断・行動のできる力を育む」の二つを掲げ、命を守る三つの柱として、㈠自分の命は自分で守る、㈡助けられる人から助ける人へ、㈢災害文化の伝承を掲げ、防災教育を重ねてきたという。三月三十日の同中学の卒業式で、平野憲校長(53)は「君たちは誇りだ」と卒業生に最大の賛辞の言葉を贈ったという。

一方、鵜住居小・高学年の水野ダイキ君は「避難訓練で何回も練習しているから奇跡ではなく、『実力』を発揮しただけ」と話し、友達の長瀬アキヒロ君も「今回はちゃんと実力で逃げたのだから奇跡よりは『実績』の方が言葉が合ってる」と話している（片田敏孝先生のいのちを守る授業第一回、Eテレ：二〇一二年八月二十二日）。いずれも日頃の訓練の賜と言えるが、同地区で六百人の方々が犠牲になったことを思うと、地震発生後の迅速な初動とそれに引き続く的確な判断と行動の連続により小中学生で一人の犠牲者も出さなかったことはやはり「奇跡」と言って良いのではと思う。防災教育を熱心に実践してこられた両校の先生方とそれに応えた生徒学童諸君に心より敬意を表したい。何とも清々しい思いで、無人の校舎跡を後にした。

＊註：地区の防災センターに避難した住民は少なくとも百六十二人が犠牲になっており、学校での避難訓練の成果がより一層際立つことに。

2 釜石大観音から湾口防波堤を遠望す

鵜住居に四十五分ほど滞在した後、バス停から六時五十六分発のバスに乗って釜石駅に七時十一分に戻った。ホテル内で朝食を摂ってしばらく休んだのち、八時八分発の須佐行きのバスに乗って駅から南東方の大平町にある大観音入り口に八時二十分に到着した。釜石大観音は釜石湾の最も奥まった所の少し湾に突き出た高台にあることから湾口防波堤が眺められるであろうと考え、今回の最後の目的地にした次第。観音入り口に山門があり、九時開門と書いてあったが、十五分前に入ることが許され、しかも第一参拝者として「一番福」の参拝記念証までいただけることになった。像高四十八・五メートルの大観音の胎内に設けられたらせん状階段を上って最上部まで参拝したが、それよりも眼前に広がる釜石湾を一望し、加えて湾口付近に設置された防潮堤を確認することができ、筆者の期待通りであったことに満足であった。

湾口防波堤はその名の如く、湾の入り口付近に建設されたものである。二〇〇九年三月、着工から約三十年を経て完成。総工費約一千二百億円。一八九六年の明治三陸大津波（高さ八メートル）を想定して設計された。開口部は約三百三十メートルで、長さ九百九十メートルの北堤と六百七十メートルの南堤で構成。二〇一〇年七月、基礎部分の水深六十三メートルが世界一としてギネス記録の認定を受けている。

今回の震災では、北堤では浅部がほぼ全壊（散乱）、深部がケーソン（caisson、堤体）の滑落と残存による歯抜けの状態、南堤のケーソンは二十二函《かん》のうち、十二函が損壊・崩壊する被害を出している。堤防本体となる構造物であるケーソンは鉄筋コンクリート製の箱形構造物。大きさは高さ十九・五メートル、幅二十一・六メートル、長さ三十メートル、重さ七千八百トンで据え付け後に石などを入れて約一万六千トンに重量を増やして固定するものである。

このように防波堤の損傷はひどかったものの津波高では四割低減、防潮堤を越える時間で六分遅延、遡上高では五割低減したとのことで一定の効果はあったとしている。そこで復旧工事を行う国交省釜石港湾事務所では、北堤に三十七函、南堤に九函、合計四十六函のケーソンを新たに据え付ける予定で、総事業費四百九十億円で現在も工事中のようである。しかしながら、「費用対効果を考えると釜石市中心部の津波被害が決して軽かった訳ではなく、ハード面による津波対策の限界を示したとみることもできる」と日本経済新聞で報じている。

筆者が遠望する限りでは南堤はほぼ原型を留めている（あるいは復旧している）ようであるが、北堤は南堤より短く、三つ以上に断裂しているように見られた。帰途は九時五十三分のバスに乗って帰ったが、車窓から見る限りにおいて、魚市場を含む港湾部の修復工事はなお継続しているものの市街地ではその傷跡は殆どないように思われた。

釜石バス停に十時五分着。急いで釜石線ホームに行き、十時七分発の快速はまゆり4号盛岡行きに乗り、帰途に就いた。今回の旅程では、山田中央から道の駅やまだへのバスの発車時刻を誤認するハプニングはあったが、急いで歩くことで事無きを得て、予定通りに全視察を終えることができ満足であった。

一六　津波被災地訪問の始めと終わりは奇跡の一本松

（平成二十八年五月十四日）

昨年の五月二十三日に被災地訪問の始めとして奇跡の一本松を選んだ。被災後から希望の象徴として取り上げられていたため、広範囲な被災地の中でどこを訪問すれば良いのかと考えた時に最初に浮かんだ訳である。一方、この一本松は岩手県陸前高田市内にある。同市の被害は甚大で、死者・行方不明者は一千七百八十名（平成二十四年七月）で、犠牲者率（％）＝「対象地域の死者・行方不明者数÷対象地域浸水内人口」から算出される上位では宮城県女川町一一・二％、岩手県大槌町一〇・七％、陸前高田市一〇・七％、福島県浪江町一〇・〇％と大槌町と共に女川町に次いでいる。このような大変な被害であることは報道で知ってはいたが、正直なところ全市を訪問するのがまだ恐かった。しかしながら、その後に他の被災地への訪問を重ねるに従い、一本松のみの訪問では正に「木を見て森を見ず」であるとの思いが強くなり、もう一度、陸前高田市を訪れ全域を視察しようと考えた。そして、日帰りでの日程的にその北に位置する大船渡市を含めることにした。

五月十四日（土）：午前四時起床、午後十一時就床のフル利用の一日

早朝四時に起床、うどん朝食を摂って五時前に家を出る。洗足、目黒を経て東京に五時四十分着。

東北新幹線やまびこ41号東京六時〇四分発に乗って一路北上。一ノ関から大船渡線に乗り換え、気仙沼、さらにここからＢＲＴ（bus rapid transit：原則として消失した鉄路を舗装したバスレーン上を走行する代行バス）で陸前高田、さらに大船渡駅を一旦通過して往路最終地の盛《さかり》駅に十二時十九分着。ここは南リアス線の最終地点でもあるので見るだけで、すぐに復路に就き、十二時三十九分に第一目的地の大船渡で降りた。

1 大船渡での甚大な被害は盛《さかり》川河口右岸の細長い大船渡湾沿岸部等に集中

大船渡市は人口四万七百余人（平成二十二年）、浸水範囲内人口一万九千余人、家屋の全半壊は三千六百余棟にもかかわらず、死者・行方不明者は四百一名で被害者率は二・二％と低くとどめられた。地域別では大船渡町百四十五名、市の北部にある三陸町越喜来《おきらい》地区九十六名が上位となっている。一方、越喜来のさらに北部の吉浜地区では明治、昭和の大津波での犠牲を教訓に新沼武衛門と柏崎丑太郎の両時代の村長の陣頭指揮により集団での高台移転を完了しており、住民一千四百人のうち犠牲者は一名のみで「奇跡の集落」として紹介されている（二〇一七年五月二十七日に訪問した）。同様に大船渡町と三陸町の間に位置する綾里地区でも犠牲者はなかったとのことで、これらが市全体の犠牲者率を抑えた要因の一つかと推察される。

さて、大船渡町のバス停に十二時三十九分着。同町での滞在時間は四十五分に限定されているので、急いで同地区を散策した。バス停から東側の沿岸部で南北に長い中心地区は再建地域に指定され、平成三十二年までさらに工事が進められる予定で、まだまだ嵩上げ工事による立ち入り禁止区域が多かった。バス停の眼前の大船渡プラザホテルも震災で立ち入り禁止となっていたが、目を右方向に移すと百メートルほどの所に新ホテルが建っていた。一方、少し北に歩いた所に三階建ての商工会議所があり、二階天井まで浸水し、現在も使用不能となっているようである。その屋上に掲げられた横看板には「三陸の　豊かな海に　たくす夢」と書かれていた。たとえ津波が来ようともその考えに変わりは無いとの信念を示していると感じた。一方、これとは対照的に、福島第一原発で帰還困難区域となっている双葉町の道路看板「原子力　明るい未来の　エネルギー」とその裏面の「原子力　正しい理解で　豊かなくらし」は〝老朽化〟を理由に撤去された由。小学校六年時にこの標語で表彰された大沼勇治さん(40)は負の歴史遺産として保存するように町に求めている。大自然が生んだ海の恵みと人類が創出した原子力の恵みは根本的に違っていたことが明らかになったことになる。大船渡市の復興を祈念して、午後一時二十四分に当地を後にした。合掌。

2 陸前高田市の中心部、高田町の低地区域はほぼ全域が嵩上げ工事中（写真7）

BRTの往路で気仙沼から陸前高田を通過する際、市内で停車したバス停は長部、奇跡の一本松、陸前高田、高田高校、高田病院、脇ノ沢、小友の七ヶ所である。これらのうち、嵩上げ工事区域を

写真7：陸前高田市の中心街は壊滅。129haにわたって12メートルの嵩上げ工事がなされていた。2017年4月に同地の中央部に1.3haの商店街「アバッセたかた」開業。

見るには、「消防防災センター等整備事業区域」として新たに高台にできた新官庁街にある陸前高田よりも高田高校が至適と判断し、午後二時二分に高田高校のバス停で下車した。ここは平地と丘陵地の中間部にあり、ここから広田湾の海岸方向に百二十九ヘクタールという広大な区域が嵩上げ工事中で通行規制区域となっており、平成三十一年三月末の完了を目指している。

さて、陸前高田市（高田は濁らず、タカタ）の人口二万三千三百人（平成二十二年）、浸水範囲内の人口一万六千六百四十人、家屋の全半壊三千三百四十一棟、死者・行方不明者一千七百八十人で犠牲者率一〇・七％と各自治体の中でも最大規模の甚大な被害を被っている。この人的被害は市内の中でも高田町の一千百七十三人が突出しており、次が気仙町の二百六十人となっている。日経新聞二〇一六年三月十日版では、高台への集団移転で死者一名にとどめた「奇跡の集落」大船渡市吉浜地区の対比として陸前高田市の例を挙げている。

いつしか災害の惨劇の記憶が薄れ、不便な高台を離れる人々。津波の怖さを知らない移住者も低地に家を建てた。死者・行方不明者1700人以上を出した陸前高田市もその一つ。1960年代以降、人口増に伴って沿岸部に宅地を広げた。都市計画に携わった元市職員の荻原一也(89)は「869年の貞観地震や1611年の慶長三陸地震の津波が今回と同じ規模と知ったのは震災後だった」と悔やむ。

高田高校のバス停で降りて、ふと考えたのは高校への訪問だった。これだけの被害から復興していくための次代の柱となる高校生が集う学舎を見たいと思ったからである。三百メートルほど坂を上がっていくと新校舎が見えた。全壊した以前の校舎よりはやや小ぶりに見えるが外観は立派で内部も震災対策を含め相当に整備されたようで、若い高校生の郷土愛に期待したい。一方、隣の同校野球グラウンドには仮設住宅がひっそりと立ち並んでいた。ここでの百二十人を含め、全市の被災家屋の約六割にあたる三千六百余名の方々の仮設住宅での暮らしが続いているのが震災五年後の現実である。校舎の脇から海岸方向を俯瞰したところ、広大な嵩上げ地域の概ね左半分を見ることができ、防潮堤は完成していた。再びバス停に戻ってから、この広大な嵩上げ区域の外周を反時計回りに早足で散策することにした。嵩上げ高の平均が十二メートルとされ、まさに見上げるような嵩上げ面を左に見ながら、概ね一時間をかけて全周のほぼ三分の二にあたる一本松茶屋地点に四時前に到着した時、久し振りに右足小指にマメができるほどだった。震災後五年を経てなおこの復興状態にあることについて、戸羽太市長は政府の対応の鈍さについて憤懣《ふんまん》を隠さない。日経新聞二〇一六年三月二十七日版「復興の失敗を繰り返すな」よりその概要を抜粋引用する。

初めて陸前高田市を訪れた人からは「まだこんなことをやっているんですか」と驚かれることもある。震災直後の1～2年間、初動段階の法的な許認可に時間がかかりすぎた。工事予定地の森林を伐採するのに林野庁との手続きに何カ月もかかることがあった。あのような大災害時には県や市町村に権限を委譲すべきだった。（中略）5年間の集中復興期間が終わるにあたって国に求めたいのは制度の何が復興の妨げになったのかを検証し、今のうちに変えるべきものは変えておくことだ。この5年間を振り返った復興庁の書類を見ると、自画自賛のような言葉が並んでいるが、被災地の受け止めと大きなギャップがある。（中略）東京や名古屋が大災害に見舞われて、5年たっても更地が広がっているようなことは考えられない。陸前高田なら更地のままでも「あわてるほど重要ではないよな」という意識は絶対にあると思う。

一本松に着いてから、東西二つの震災遺構を訪問した。まずは東側百メートルで国道45号線バイパスにある道の駅高田松原に行った。横から見ると特徴ある三角定規状の建物の外形は留めているが、内部は破壊散乱したままで保存され、松の木が一本迷入していた。浸入方向から見て引き波の際に入ったのであろう。また建物の前の駐車場には大震災追悼施設と復興まちづくり情報館が設置されていた。合掌。

そこから戻って改めて一年ぶりに奇跡の一本松を訪れたところ、防潮堤が完成し、土砂を運ぶ巨大なベルトコンベヤーはその役目を終えて撤去されていた。一方、一本松から西側二百メートル、気仙川に架かる気仙大橋を渡って左手の旧・気仙中学に行った。三階建ての屋上には津波が到達した一四・二メートルの看板が掲示されていた。多くの犠牲者が出たのだろうかと心が痛んだ。校舎横壁に取り付けられた横の文字盤は「陸前高○市立気○○学」と○の文字が欠落しており、そして震災後、その横に大きな縦の青いビニール板に「ぼくらは生きる　ここで　このふるさとで」と書かれていた。合掌。

一本松のバス停、午後四時五十八分発のバスに乗って帰途に就いたが、被災地訪問の一応の最後の地に改めて陸前高田を選び、正解であったと思っている。

全七回の訪問のまとめに代え

訪問当初は震災遺構に目がいき、震災の凄さの片鱗を垣間見てきた。実際にそれがないとわからなかったからである。そして、生死を分けた紙一重の行動のエピソードも胸が痛む思いで読んだ。

しかしながら、次第に復興状況にも目がいき、どうしてこんなに長引いているのだろうと考えるようになっていった。この大震災で災害危険区域のうち、住宅を建設できない「移転促進区域」に指定された範囲は全地域で一万六千ヘクタールに及ぶという。ちょっと想像がつかないが、その対応としてまずは仮設住宅を設置した上で高台移転と嵩上げの工事が進められたが、用地買収などに手こずり初動が遅れに遅れたようである。そのため人口減に歯止めがかからず、ちなみに女川町では大きな犠牲と長期避難で三七％の減少になったという。国あるいは県ができることは復興特別の公共事業で嵩上げや高台移転の工事、そこへの復興住宅建設、防潮堤の建設、港湾整備による水産業支援、新商業地建設等のハード面であるが、年月を経るに従い次第に最初の理念と現実との間に齟齬が生じてきているようである。そこで、最後に岩手日報・二〇一六年三月十一日の論説「復興の限界感」を全文掲載して終えることにする。

「出る杭」まず伸ばそう

思い描いていたものとは、どうも違う。東日本大震災から5年を迎えた今、そんな声が復興に携わる人から聞かれるようになった。県の行政マンは漏らす。「役所ができることはハード中心。なりわいや産業を公の力で創るのは難しい」。NPOの関係者は語る。「復興が進んでも、もともと被災地にあった『壁』にぶつかる。その壁は厚い」

「壁」は、震災前から三陸海岸に立ちはだかる。人口減と産業の沈滞による地域の衰退を指す。復興は当初、壁を突き崩し、全国のモデルにすることを目指した。

「この地に、時代をリードする経済社会の可能性を追求する」。政府の復興構想会議は震災2カ月後、技術革新を通じて被災地を日本の先端とする理念を掲げた。国の予算の4分の1に上る巨費を投じ、道路や防潮堤を造り、高台移転と暮らしの再建を後押しする。一方、特区や研究開発で新産業を生み、集積させるはずだった。そして5年。国と県は復興の総仕上げに入るが、その姿は当初の理念から懸け離れている。新しい街ができても、人はみるみる減り、新産業は生まれていない。「壁」は厚く残ったままだ。

巨額の公共投資がなくなれば、被災地はますます衰退するのではないか。復興の限界感が語られている。それは行政主導の限界でもある。現実は厳しい。だが復興は立ち止まることなく続く。人が残る。戻ってくる。新たに招き入れる。今後の大きなテーマになるだろう。

宮古市のＮＰＯ法人みやっこベースは、高校生に自分の街づくりや地元で働くことを考えてもらう活動をしてきた。主体的に地域に加わる若者を育てている。

「残る、戻る理由がないと人の流出は続く。それは地域への愛着しかない」。事務局長の早川輝《あきら》さんは言う。29歳の早川さんは、被災地の力になりたいと北九州市から縁もゆかりもない宮古に飛び込んだ。復興を支えたのはこのような外部の力、特に若者の存在が大きい。被災地に活動の場を求める人がいることで、沿岸部の人口は20代前半だけは増えている。Ｕターンして社会的起業に取り組む人もいる。

若い力を地域戦略の軸にしようと、大船渡市は「出る杭《くい》育てる」プロジェクトの開始を宣言した。起業を全面支援し、復興需要が消えた後も経済の活力を保つ狙いだ。

リスクを取って挑戦する民間の「出る杭」を伸ばし、支える仕組みと雰囲気をつくる。さらに外からの刺激を加えて化学反応を起こす。そこに限界の突破口があるのではないか。

一七　週刊女性「人間ドキュメント」欄の百人、特に身体障害に挑戦する十一人

（平成二十六年五月十三日〜二十八年六月二十一日）

平成二十六(二〇一四)年五月二十日に発行された『週刊女性』六月三日号の「人間ドキュメント」欄に筆者のことが「大腸癌克服、生き生きシニアライフ」、「人工肛門でRUN RUN RUN」という二つの表題で六頁にわたって紹介された。内容的にも充実しており、わずか三時間ほどの一回取材でよくまとめられたものと感心した。それは良しとして、この掲載は筆者にとってあまりに大きな出来事で、客観的にどう評価してよいのかわからなかったため、拙著・第七編では最小限の記述にとどめた。この消化不良を解消すべく、その後約二年間にわたってどういった方々が本欄に登場したかを追跡し、その特徴・傾向を明らかにすることで、筆者自身の位置づけを考察することにした。

そもそも『週刊女性』は一九五七年八月、河出書房から引き継ぐ形で「主婦と生活社」から発行され、『女性自身』(光文社)、『女性セブン』(小学館)と共に三大女性週刊誌の先駆けとなったものである。発行部数は約二十五万部で、二十代後半から三十代の女性を中心に幅広い女性読者層に支えられている。手前味噌になるかも知れないが、この人間ドキュメント欄は芸能関係記事が主体の本誌の中にあって、各個人の生き方を掘り起こして丹念に紹介した読みごたえのある連載欄と言える。本欄の比較対象となるのが、週刊誌『アエラ』の「現代の肖像」であるが、後者の方が硬派と言える。

1
読者の皆さんはどれだけ名前をご存じだろうか？

二〇一四年五月十三日から二〇一六年六月二十一日で、複数名で登場の三組を除く単独掲載が百名に達したので、その名前を職業または登場理由と掲載当時の年齢を併せ掲載する。ちなみに筆者が、購読前からある程度以上存じ上げていた方々二十名には◎を付けた。もちろん筆者の関心領域が全般的ではなく、読者によっては「こんな有名人を知らなかったのか」と思われるかも知れない。

◎草野　仁（キャスター・70）、加藤源重（全右手指喪失・78）、山本悦秀（医療者オストメイト・69）、◎大橋グレース愛喜恵（多発性硬化症・25）、◎高橋真梨子（歌手・65）、高橋ゆき（家事代行業・48）、レイコ・クルック西岡（特殊メーキャップアーティスト・79）、阿南里恵（子宮頸癌・32）、◎中村雅俊（俳優・63）、鎧塚俊彦（パティシエ・48）、吉原孝洋（飴細工・39）、山下弘子（肝臓癌・21）、木村利恵（国際霊柩・53）、石原和幸（庭師・56）、杉原美津子（バス放火被害・70）、宗　祥子（助産師・62）、◎周防正行（映画監督・57）、◎秋川リサ（女優・62）、中園ミホ（脚本家・55）、笑福亭鶴笑（落語家・54）、岡田惠和（脚本家・55）、東平豊三（太陽光発電・49女性）、華乃家ケイ（チンドン屋・54）、菅沼愛子（米国不動産業・70）、◎クリス松村（タレント・?・）、柳家紫文（音曲師・56）、高橋和江（笑いの医師・?・）、◎有森裕子（五輪メダリスト・47）、◎残間里江子（プロデューサー・64）、岡野雄一（漫画家・64）、鈴木共子（交通事故死者の母・65）、テッド・Y・フルモト（バンクーバー朝日軍選手の子息・66）、長谷川高士（芸妓姿の結婚司会・51）、舟井栄子（シニアアイドル・リーダー・66）、黒田由香（白血病死者の母・52）、道下美里（ブラインドランナー・38）、中井一夫（妻が出産死・42）、◎森村誠一（作家・82）、菅原義正（ラリードライバー・73）、橘こころ（ビリギャルの母・50）、佐藤敏郎（大震災被災児の父・51）、◎小林幸子（歌手・61）、八木倫明（ケーナ奏者・57）、棚橋弘至（プロレスラー・38）、◎矢作直樹（救急医学教授・59）、放生　勲（不妊治療医・54）、◎EPO（シンガーソングライター・54）、三浦雅之（農家レストラン・44）、野口義弘（出所青年雇用・72）、中島　潔（地獄絵画家・72）、◎河瀬直美（映画監督・46）、江田　証（消化器内科医・44）、さとうもとき（流しの歌手・47）、島田妙子（児童虐待アドバイザー・43）、山田火砂子（映画監督・83）、◎渡辺真知子（シンガーソングライター・58）、篠塚恭一（介護旅行業・53）、うえやまとち（料理漫画家・61）、大櫛ツチヱ（戦争未亡人・94）、深津より子（心臓外科医療コーディネーター・53）、山崎充哲（河川生態保護・56）、根津仁香（ジュエリープロデューサー・?）、石飛幸三（老人ホーム医・79）、中村太一（リカバリーウエア販売・35）、大畑大介（元ラグビー日本代表・39）、福田　稠（産科医・68）、川越　厚（ホスピス医・68）、沢井一恵（箏曲家・74）、桂　由美（ブライダルファッションデザイナー・?）、清水彩子（キャバレードレス販売・33）、藤　真知子（童話作家・65）、吉田太一（遺品整理業・51）、北川　桜（ヨーデル歌手・?）、沼田準一（トルコとの民間交流・73）、井上麻矢（劇団座長・47）、今野由梨（ダイヤルサービス業・79）、植松　努（小型ロケット開発・49）、紫藤尚世（着物デザイナー・68）、村上睦子（動物愛護・56）、安藤栄作（彫刻家・54）、◎山本一力（作家・67）、◎倉本　聰（脚本家・81）、松田真紀（故・Jリーガー直樹の姉・47）、大胡田　誠（視覚障害の弁護士・38）、北條友梨（外国での小学校建設・85）、大庭照子（歌手・77）、新津春子（お掃除のカリスマ・45）、◎村井嘉浩（宮城県知事・55）、山田和夫（ベーカリー・68）、◎吉原知子（バレーボール監督・46）、山口　進（自然写真家・68）、村上秀一（ドラマー・65）、河野博文（元プロ野球選手でたまねぎ栽培家・53）、岡崎愛子（頸椎損傷・30）、若杉友子（「祖食」レストラン・79）、川島　実（異色経歴の在宅医・41）、鶴丸礼子（障害者向け服飾デザイナー・59）、◎尾崎亜美（シンガーソングライター・59）、山内きみ江（元ハンセン病患者・82）、山野正義（山野学苑総長・79）

2 百人の分析から「身体障害に挑戦する方々」を抽出

まず百人の性別では男性五十人、女性五十人と全くの同数となった。次に年齢は二十一歳から九十四歳にまで広く分布し、平均五十八・一歳であった。なお、本題である掲載理由となると、職業・動機とも多士済々でそれぞれの領域で活躍され、殆ど分類のしようがないことが判明した。

そこで原点に返り、この二年間、毎週火曜日にコンビニに行って女性誌を〝多少の恥じらい〟をもって買い続けてきた理由は、筆者自身が掲載されたことの位置づけをできるだけ客観的に分析したいということであったので、「身体障害に挑戦する方々」を括りとして抽出したところ、筆者を含め十一人となった（表9）。これを年別に見ると、二〇一四年後半の半年余に筆者を含め六人であったことを思うと、この頃に身体障害・有病者が多く掲載されたことになる。

それでは、十一人はどのようなタイトルで紹介されたかを掲載する。

表9：身体障害に挑戦する十一人

A・外傷・火傷			
1	岡崎愛子（30）	16・05・03	福知山線事故で頸椎損傷
2	杉原美津子（70）	14・09・09	新宿バス放火事件で全身火傷
3	加藤源重（78）	14・05・20	作業中に右手全指切断
B・癌			
4	山下弘子（21）	14・08・05	余命半年宣告の肝臓癌
5	阿南里恵（32）	14・07・08	若年の子宮頸癌
6	川越　厚（68）	15・10・20	大腸癌を契機にホスピス医に
7	山本悦秀（69）	14・06・03	大腸癌によりオストメイトに
C・癌以外の病変			
8	大橋グレース愛喜恵（25）	14・06・01	多発性硬化症
9	道下美里（38）	15・03・31	ブラインドランナー
10	大胡田　誠（38）	16・02・23	視覚障害の弁護士
11	山内きみ江（82）	16・06・14	元ハンセン病

(一) 岡崎愛子さん(30)「JR福知山線脱線事故（註：2005年4月25日、19歳の同志社大学生の時）**から11年、車イスになった私が教わった大切なこと」**

JR福知山線の脱線事故に巻き込まれ、頸椎損傷という大きなハンデを負った岡崎さん。フリスビードッグ大会に情熱を燃やしていたのが一転、一年以上の入院、できないことばかりの生活。それでも前を向いてこられたのは大切な家族、友人、そして愛する三匹の犬たちがいてくれたからだった。

(二) 杉原美津子さん(70)『新宿西口バス放火事件（註：1980年8月19日、36歳時）**』被害者の34年。死の淵からの再生、そして——」**

燃え盛る炎に包まれ、ほんの一瞬、「このまま死んでしまおうか」とためらった……。

六人もの命を奪った「無差別犯罪」で全身に熱傷を負った彼女は、加害者、母、夫との愛憎の中で「過酷な運命」を生き続ける。肝臓がんで「余命宣告」を受けた今、自らの人生を問い直す。

(三) 加藤源重さん(78)「右手を失い、右手でつかんだ55歳からの発明人生」

あきらめず挑戦することに喜びがある。事故で五本の指を失ったが、残された身体の機能を補うオリジナルの「自助具」を開発。「三河のエジソン」と呼ばれるように。

(四) 山下弘子さん(21)「10代で『余命半年』のがん宣告も、生きたい、だから頑張れる」

それでも私は「最後の一秒」まであきらめません。肝臓に巨大な腫瘍が発見され、やがて肺にも転移。一年十ヶ月の間になんと九回の入院、七回もの手術を体験しているが、生きる希望を失うことなく、「海外旅行」だって楽しんじゃう。とことん前向きな、若さの輝きがキラキラしている！

(五) 阿南里恵さん(32)「がん発症からの約10年、仕事も恋もあきらめない」

二十三歳の若さで子宮頸癌を患い、手術で子宮を全摘出。死の恐怖と絶望の中で心の支えになってくれたのは、確執を抱えていた「母」との絆だった。癌患者の社会復帰や就労の難しさを身をもって体験し、予防啓発運動や講演活動に飛び回る。

(六) 川越厚さん(68)「ともに生きる！ 自宅で穏やかな死を迎える、そのときまで」

若きエリート医師を突然襲った、癌という病（註：四十一歳時に大腸癌発症。これをきっかけに東大医学部卒の氏は在宅ホスピスケア医に転身）。過酷な治療を乗り越える中、胸に浮かんだのは家族への思いと、行ってきた医療への悔恨。あらたな一歩を踏み出した医師が見たものは病院とは異なる〝あるがまま〟の患者の姿だった。

(七) 山本悦秀さん(69)「人工肛門（ストーマ）でRUN RUN RUN。大腸癌克服、いきいきシニアライフ」

生活習慣の変化などから、日本でも大腸癌患者は増加の一途。人工肛門保持者（オストメイト）は今や二十万人に達する。オストミーへの理解を広めるため、自ら広告塔として名乗り出て、本業の口腔外科医業のかたわら、全国を駆け回る。

(八) 大橋グレース愛喜恵さん(25)「『難病女子』はフルスロットルで今を生きる」

両目ともに見えない、肩から下はほとんど動かない。「高次脳機能障害」のため、大切な思い出も抜けていくが、それでも持ち前のガッツと明るい笑顔を失わない。柔道のアメリカ代表でオリンピックを目指したスポーツ少女は、〝バリバラ（註：NHK大阪が製作した障害者が主役の情報バラエティーTV番組）の恋愛番長〟となって、女子力全開で恋してる！

(九) 道下美里さん(38)「絆（きずな）があるから」
ブラインドランナーと伴走者をつなぐのは〝絆〟と呼ばれる一本のロープ。信頼、感謝、友情、喜びや悲しみ、たくさんの思いが詰まった絆を手にいつも笑顔のみっちゃんは、きたるロンドンマラソンで頂点を目指す！（後日談：二〇一六年のリオ・パラリンピックの視覚障害マラソンで銀メダル獲得、三時間六分五十二秒）

(十) 大胡田誠さん(38)「やれば、できる！　転んでも、迷っても、白杖をついて、前を向いて」
「弁護士になれば、人の世話になって生きるどころか、人を助けられる！」先天性緑内障により、小学六年生で光を失うも、〝あきらめない心〟で弁護士になった大胡田さん。自らを〝町弁〟と呼び、心の底から弱者に寄り添う、その生き方。

(十一) 山内きみ江さん(82)「私は、私の、こういう個性のまま生きていくんです」
きみ江さんは病気のつらい症状と、謂《い》われなき差別と偏見に苦しめられた、ハンセン病の元患者だ。けれど、常に前を向いて生きている。人よりちょっと負けず嫌いで、曲がったことが嫌いで、好奇心が旺盛で、やる気満々で、小さい子どもが大好きな、ごくごく普通のおばちゃんなのだ。

感想

それぞれの方々が障害や疾病に前向きに立ち向かう姿が掲載された理由と思われる。この十一人の中に筆者が選ばれたことは誠に光栄なことで、今後も自分の決めたミッションに向かって全力で生きていきたいと改めて思う。なお筆者の記事を執筆していただいた「かまた・れい」さん、写真撮影を担当された坂本利幸氏に改めて御礼を申し上げたい。

3 百人の中で最も印象的だったのは元非行少年を雇用し続ける野口義弘氏(72)

今回の百人の中には各界で活躍されるキラ星のような方々も含まれており、筆者が敬意を払いこそすれ、コメントできるような立場にはない。一方で、元非行少年を自らのガソリンスタンドに雇用し続ける野口義弘さんの活動は身近で真似ができそうで、できないという点で最も印象的であった。

その功績で吉川英治文学賞など多数の受賞歴があり。雇用少年の数は二十年間で百二十八人、今は二人の息子さん夫婦が北九州市内の三店舗の経営を支える。雑誌の表題は「ダマされても、裏切られても愛は与えっぱなし」。父の死で高校進学をあきらめ、働きづめに働いて、五十代で一国一城の主となった野口さん。世話になった人たちへの恩返しだと始めたのは、経営するガソリンスタンドで非行少年たちを雇用することだった。働きたいという人は拒まず、再犯者にも手を差しのべる。肩を抱き、手を握り、ウソをつかれても寄り添い続ける。

4　単独で表紙を飾った芸能人など

本誌は二十代後半から三十代の女性を主な読者対象としているという。従って単独で表紙を飾った人達はこれらの読者層に好まれている存在であり、これを分析してみると、今日の世相の一端もうかがい知ることができよう。

ちなみに登場したのは男性二十四名、女性十九名で最多登場は歌手の氷川きよしさんの九回、次が俳優の斎藤工さんの八回、女性トップは女優の綾瀬はるかさんの五回で、これが上位三名である。以下、四回は若手俳優の佐藤健さん、三回は秋篠宮佳子妃、米倉涼子さん、二回はＥＸＩＬＥのＴＡＫＡＨＩＲＯさん、綾野剛さん、羽生結弦さん、東出昌大さん、ディーン・フジオカさん、阿部寛さん、玉木宏さん、岩田剛典さん、シャーロット・ケイト・フォックスさん、土屋太鳳さん、石原さとみさん、波瑠さん、高畑充希さん、一回登場したのは、チャン・グンソクさん、小泉孝太郎さん、ＡＫＩＲＡさん、高倉健さん、高良健吾さん、向井理さん、玉山鉄二さん、福士蒼汰さん、三浦翔平さん、勝地涼さん、三浦春馬さん、成宮寛貴さん、松阪桃李さん、吉本実憂さん、水卜麻美さん、深田恭子さん、堀北真希さん、観月ありささん、杏さん、広瀬すずさん、篠原涼子さん、桐谷美玲さん、菜々緒さん、松下奈緒さんであった。ちなみに最後の百冊目は、共に常連の斎藤工さんと綾瀬はるかさんのツーショットであった。

一八　市民マラソン三十周年を初出走と同一のレースで飾る

（平成二十八年十月二日）

四十一歳時に市民マラソンに初出走して今年で三十周年ということで、それを記念して同一レースに参加することにした。まずは三十年前の出走時の文章を以下に再掲する。なお本一八項の日にちは次の一九項より後になっているが、章立ての都合上、このように入れ替えることにした。

回顧：初レースの感動（初編第一項抜粋、一九八六年十月五日、四十一歳）

私のマラソン初出場は昭和六十一（一九八六）年十月五日、札幌は真駒内公園をスタート・ゴールとする第十一回札幌マラソンであった。快晴の当日、スタート地点では少しでも前にと、さもしい気持ちを起こして前方に並んだ。しかし、それは間違いであったことはスタートしてすぐわかった。皆ものすごいスピードで走っていくのである。とてもついていくのは無理と知りながら、つい力以上のスピードが出てしまい、早くも一キロの地点で顎があがってしまった。その後は大勢の人に抜かれながら豊平河畔に至り、五キロの折り返し地点を過ぎてからは苦しいながらも「あと〇キロ、あと〇キロ」と唱えながら、何とかゴールすることができた。記録は四十八分二十六秒、決して速くはないが、その後からゴールする人も結構いて、それなりに大満足であった。ちなみに順位は四十歳代では六百九十七人中、三百七十二番であった。

ゴールの競技場内ではスタンドから家族が応援してくれていたが、それだけではない、ブルブル震えるような感動が全身をかけ巡った。その要因として、一つはこのような年齢で競技に出られ応援を受けられること、第二にはジョガーから市民ランナーになれたことによるものであった。さらに後日、きちんとした記録証がいただけたことも、その後の練習にも大いに励みになった。以来、私は市民マラソンにのめり込んでいき、今や人生の重要な位置を占めるに至ったのである。

1

「足底腱膜炎」発症で、札幌マラソンへの再出場に黄信号

足底腱膜炎とは足底筋膜炎とも言う。足は大小さまざまな二十八個の骨から構成され、その一つ一つが靭帯や筋肉・腱などの軟組織で支えられているが、そのアーチのバランスが崩れ、足の裏で衝撃吸収ができなくなると、足底腱膜に炎症を起こす。

自覚症状の特徴は、起床時の着地一歩目が痛いとされる。炎症の原因の一つにランニングがあり、その繰り返しによる足底のオーバーユース、特に下り坂を走ることにより、足への衝撃が過剰になって発症する。さらに発症因子の一つとして扁平足がある。扁平足は足のアーチが落ちていて足底腱膜が引き延ばされた状態になり、正常のアーチの人よりも踵の骨に付着する部位に強い牽引力がかかり、踵の前方に痛みを感じる傾向にあるという。

筆者は生来、扁平足気味で一応「土踏まず」はあるが、特に右足のアーチが低い。皇居の

レースでは後半二キロが下りとなっており、ラストとなれば頑張ってスパートするので、まるまる足底に大きな負荷がかかることになる。自身では無理をした思いはないが、札幌マラソンに向けての夏季であり、疲労に伴って右足底に症状が出易い状況にあったと言える。こうして以下のように警告反応が発せられてしまった。

平成二十八年九月十二日(月)：暗雲！　歩行時に右踵痛発現

最近眠っている時に右踵に違和感を感じることが時々あったが、今日は少し歩き始めた時から右踵に痛みを感じた。大事を取ってすぐに自宅に戻って安静にすることにした。

九月十九日(月)：相変わらず改善せず

あー、踵はまだ痛い。くわえて、右股関節や右膝関節の違和感、さらにかがんだ時に一瞬ぎっくり腰様の腰痛も。もう札幌マラソンはだめか？

九月二十日(火)：少し改善。昨日より痛くはない

マラソン当日にも痛みのないことを願うが、場合によっては出走前に消炎鎮痛剤の服用も考えねばと思う。足底腱膜炎は安静にすることによって九割が自然治癒するとされていることが現在の光明で、一縷の望みである。

十月一日(土)　レース前日：二年振りに札幌に

九月三日の皇居マラソンを最後に三週続けてキャンセルとした結果、右踵痛は治まってくれており、満を持しての札幌行きとなった。羽田午前十時三十分発のＪＡＬ便で新千歳空港、そこからなるべく歩かないようにとバスを利用して、すすきの駅で下車。地下鉄南北線で南に一駅の中島公園で下車し、東急エクセルホテルに午後三時過ぎに投宿した。その後、歩かない方法での時間潰しにと、循環型の札幌市電に至近駅の山鼻九条から乗って一周し、市内の風景を観賞。部屋に戻って夕食を摂り、明日にかけることにした。走行中に痛みの出ないことを祈るのみである……。

十月二日(日)　一〇Ｋレース本番：タイムはともかく無痛で完走できた！

六時半に朝食後、中島公園駅七時四十分発に乗車し、真駒内駅に七時五十二分に到着した。一〇Ｋは九時出走で、この種目に参加と思われるランナーの人達が多数下車していた（ハーフマラソンは午後出走）。駅前から有料のシャトルバスが出ているとのことであったが、場所がわからず、殆どの人達が歩いて会場に向かっていたので、筆者も引っ張られるようについていった。

結局、真駒内団地等を経由して二十分ほどで、会場の「真駒内セキスイハイムスタジアム」に到着した。ネット情報によると、当スタジアムは昭和四十七(一九七二)年の札幌オリンピックの開会式、スピードスケートの会場として、昭和四十五(一九七〇)年に竣工した。収容能力は一万七千人。平成十九(二〇〇七)年四月から北海道セキスイハイムが命名権を買収して現在の名称になったとある。なお三十年前のレースでは当スタジアムを利用しなかったが、スタジアム正面右手に真駒内公園ランニングコースのスタートおよびゴール地点があると記述されており、おそらくそこが利用されたのであろう。

スタジアムの外壁を右手に、人の流れに乗って時計回りに進んで行くと荷物預かり所があった。そこに荷物を預けた頃には八時半の集合時間になっており、そのまま慌ただしく、公道である五輪通りのスタート地点に向かった。

今回の参加申し込み者数はハーフマラソンから二キロレースまでで、一万四千八百五十七人と、三十年前の六千二十二名の二倍以上で、久し振りに多人数のレース参加である。うち、一〇キロは男女で三千八百六十七人、男子七十歳以上は百五十九人で男子二千四百六十二人の六・四％にとどまっていた。なおハーフマラソンでは七十歳以上の実数はわからなかった。

一〇キロ参加者四千人余は年代別に五つのグループに分けて整列とのことで、筆者は最後尾のEグループに並んだ。今回は無痛で完走できればとの思いであり、前方の選手が羨ましいとは全く思わなかった。コースは五輪通りを東に走り、すぐに左折して中の島通りに入り、約三キロで左折して公道から分れ、豊平河畔に入ってミュンヘン大橋下で中間の五キロ。そこから南に向かい、真駒内公園内を走ってゴールするもので、高低差三十五メートル、前半が下り、後半が上りである。三十年前はスタート後ほどなく豊平川右岸に至り、そのまま川に沿って走ってから折り返すコースであり、大幅なルート変更となっていた。

九時にスタートの号砲が鳴ったが、スタート地点を通過するまで一分半ほど要した。レース序盤では周囲のランナーとほぼ同じスピードで淡々と走る感覚であった。ふと思い返してみて、痛みを感じることなく走っている自分がいることに気付いた。マラソンの神様が粋なプレゼントをしてくださっているものと嬉しい気分になり、三十年前を回顧しつつ走った。こうして五キロ地点を三十八分で通過。後は上りなので走行はきついかも知れないが、右踵痛は出ないものと確信できた。

この時刻には札幌とは思えない二十四℃の高温となって、スピードはさらに落ちたが、何とか八十分を切って七十九分二十五秒（ネットタイム）でゴールすることができた。三十年前の初レースでの四十八分二十六秒と比べると、三十一分の遅れであり、体力の衰えという現実を突きつけられたレースであった。しかし一方で、今日まで市民マラソンを続けてきた原点のレースに再参加することで敬意を払うことができたことには満足であった。

これで、北海道内でのマラソン完走回数は、一九九〇年七月一日の千歳日航のフルマラソンを含め十二回となった。更衣後、今度はシャトルバスで真駒内駅まで行き、ホテルに戻った。昼食・仮眠後、市内に住んでおられる札幌医大時代（一九七三～一九八八年）の恩師にホテルの部屋に来ていただき、昔話で楽しい時間を過ごすことができた。そして翌日、帰京の途に就いた。なお後日、郵送されてきた記録集によると、一〇キロ七十歳以上の種目で完走百三十三人中の百七位であった。

第四章

原発事故避難解除地域に人が戻らない厳しい現実

（平成二十八年七月～平成二十九年五月：七十一歳～七十二歳）

初めて津波被災地を訪問し始めてから概ね全域を訪問し終えた後の平成二十八（二〇一六）年七月に初めて、原発事故避難解除となった南相馬市小高区に入って、それまでの津波被災地とは全く様相が異なることに衝撃を受けた。小高駅前は比較的整備が進められていたようで、街並みはゴーストタウンというより映画のロケセットのようであった。それは逆に家屋の損傷は何もないのに、全てを置いて避難させられるという不条理な出来事であった。そして五年も避難させられ続けると、避難先に永住の居を構える人達も出てくる。こうして帰還者は先行の楢葉町共に、一年で概ね一割強というのが現実である。

さらに後発の浪江町と富岡町の避難解除前の事前調査では、浪江町では戻りたいは一七・五%、戻らない五二・六%、富岡町では戻りたいは一六%、戻らない五七・八%となっている。今後、町として成り立っていくのであろうか。中でも、津波被害が甚大なうえ、原発立地でもないにもかかわらず長期避難を余儀なくされた浪江町の馬場有《たもつ》町長は平成二十九年（二〇一七）三月三十一日の中心部避難解除に際し、将来構想として「町おこしではなく、町のこし」と、今後の厳しい道のりを的確に表現されておられる。いずれにしても、避難解除地域はこれからが第一歩なのである。そして、さらにさらに、爆発を起こした福島第一原発のある双葉町と大熊町も忘れてはならない。我々、非・地元民の立ち入りが許される日はいつ来るのだろうか……。

一九　避難指示が五年余振りに解除された直後の南相馬市小高区、さらに先行解除の楢葉町に

（平成二十八年七月十八日、三十一日、平成二十九年一月八日）

福島第一原発事故で長期避難させられている立ち入り禁止区域は訪問することができない。宮城県や岩手県の津波被災地を訪問しつつ、常に「フクシマ」のことは気にはかかっていたが気持ちの上で別格扱いするほかなかった。そんな折、福島県南相馬市の南部に位置する小高《おだか》区が七月十二日に放射能汚染による避難指定を解除され、それに伴い、常磐線の原ノ町—小高区間が再開したという記事が目に入った。これまで七回訪問した津波被災地とどのように違う風景なのかをこの目で見たくなり、日程を見たところ、三連休最後の本日・十八日(月・海の日)が予定のない最も早い日だった。情報収集の不足は否めないがとにかく行ってみることにした。さらにこの訪問を終えた結果に基づいて、必然的に先行解除の楢葉町も訪問することとなった。

一　七月十八日(月)小高区を訪問…駅前通りは人影まばらながらも小ぎれいな街並みだった(写真8)

自宅からのアクセスルートは昨年十月十日に相馬市まで行った時と同様で、東京駅七時三十六分発のはやぶさ3号で仙台に向かった。定刻より六分遅れだったが、全く影響なく、常磐線上り九時二十五分発の始発に乗車し、亘理《わたり》駅に九時五十七分着。なお最終駅は次の浜吉田であるが、代行バスの出発は亘理となっており、ここから相馬に向かった。

途中には前回訪問した山元町もあり、懐かしい思いがした。町役場は未だ仮設庁舎であったが、坂元駅予定地では前回にはなかった駅舎が完成していた。終点の相馬で降り、再び、常磐線十一時十一分発の小高行きに乗った。ここからは筆者未踏の地で周囲の田園風景を見ながら、小高に思いをはせた。十二日の始発列車は国や市の関係者、住民、見学者や報道陣で満員のようであったが、今回乗った二両編成の車両には乗客約十人がいるのみであった。

そして、十一時四十分に最終目的地の小高駅に到着した。去る十二日に駅前で桜井市長をはじめ関係者が参加して運転再開記念の行事が行われたせいか、駅舎は外装がクリーム色に塗り直されたのであろう、瀟洒で西側に開けたロータリーと駅前通りも整備され、清潔感があった。おそらくボランティアの方達が努力されたのだと推察した。

写真8：避難解除6日目の南相馬市小高区の駅前通り。人が殆どいないので映画のロケセットのよう。2017年4月からの学校再開で小高駅は通学の生徒で活気。

1 小高区の殆どが「避難指示解除準備区域」に指定されていた

東北地方の南端に位置する福島県は地理的文化的に東側の太平洋岸から浜通り、中通り、会津地方の三地域に縦割されている。浜通りは、北部の相馬郡市を構成する相馬市、南相馬市、相馬郡の新地町および飯舘村と双葉郡の浪江町、双葉町、大熊町、楢葉町、広野町、葛尾村および川内村を一括した呼称の「相双《そうそう》」地方と南部のいわき市よりなっている。

南相馬市は名前の通り相馬市の南にあり、その南には福島原発により近い浪江町があり、そこからは今も立ち入り禁止となっている。南相馬市は平成十八(二〇〇六)年一月に北から旧・鹿島町、原町市および小高町が合併したもので、それぞれ鹿島区、原町区および小高区となり現在に至っている。

被災時の人口は七万一千人余で、沿岸部は十メートルを超える津波により約六百人が犠牲になった。これに加えて、被災時の小高区では放射能汚染の問題によって外部からの支援が行き届かず、「ライフライン復旧の目処が立たない」「救援物資が届かない」「屋外活動が制限され炊き出しができない」という、ほかの被災地以上に深刻な状況に置かれたという。その窮状をYouTubeで世界に訴えた桜井勝延市長は、当時のタイム誌で「世界で最も影響力のある百人」に選ばれている。そして四月二十二日、原発から二十キロ圏内にあたるため警戒区域に指定され、住民は遂に避難を余儀なくされた。そして、最終的には平成二十四(二〇一二)年四月十六日に小高区の殆どが避難指示解除準備区域に、西端の一部が居住制限区域および帰還困難区域に指定された。

2　帰りの列車までの二時間、とにかく街を歩き回った

今回避難指示が解除された避難指示解除準備および居住制限区域に該当する住民登録者は三千四百八十七世帯、一万八百七人とされる。自治体としては田村市、川内村、楢葉町、葛尾村に次いで五番目、その他の候補地として川俣町があるが、その規模で一万人以上の大規模解除は今回が初で、また一部、居住制限区域から一気に避難解除されたのも葛尾村に次いで二番目とされる。こういった今回の避難解除について「除染など不十分で、住民の意向を反映しておらず時期尚早」として反対する住民もおられたという。一方、帰還に向け、昨年八月に始まった準備宿泊には約二千人が登

録しており、市は解除後の居住者を約四千人と見込んでいる、といった状況下で本日の街の風景を見学することにした。駅前には自家用車が数台あったが、まだタクシーはなく、取りあえず沿岸方向に向かってひたすら歩くことにした。

駅舎を出て右手二百メートルほどの所に県道260号線の跨線橋があり、そこを渡って沿岸側に行ってみることにした。インターネット情報で見ると、津波は常磐線の線路を越えて西側の中心街である小高区本町にまで達したようであるが、おそらく地震に耐えられない古い家屋は倒れたものの津波による損壊はなかったようで、駅舎も現在のままであった。

まずは跨線橋の階段を上がる前の左手に青葉寿司という看板の大きな二階建ての建物が見えた。外観は全く損傷なく、いつでも再開できるように思えたが、宴会を催せるまでに復活するのが困難と判断されればこのまま閉店かと推察した。これが最初の店舗であったが、これまでの津波被災地と本日の避難指示地との違いをしっかりと確認することができた。地震や津波に耐えた大切な店舗にもかかわらず、それを置いて避難せざるを得ない理不尽を想像するとやるせない思いであった。跨線橋を渡り切った右手一帯は見渡す限りの広大な耕作地だったようで、五年余の歳月を経て、野草が生い茂る野原に変貌していた。しばらく進むと大井地区の右手に大手スーパーのツルハドラッグ店や生鮮食料品のダイユウエイトの大きな建物が見えたが、閉店中ながら外観には全く朽ちた様子はなかった。

国道6号線との交差点を越えてさらに進み、小高川の手前で、少し右に折れて村上海岸方向への狭い道を行くと川原田地区があり、ここには小高川を背にした大きな前庭つきの立派な一戸建ての建物が概ね二十戸ほど並んでいた。既に解体した家屋もあって櫛の歯が抜けたような状態で「平成25年解体家屋番号59」、「家屋基礎撤去川原田7」等の看板が庭先に杭打ちしてあった。それでも、全てが空き家ということではなく、高齢と思われる人の人影や洗濯物が干してある家も二戸確認できた。車もなく、食料購入等はどうしておられるかなど案じたりした。そして、この先の海側には家屋は見渡せず、海岸まではまだ距離があるようなので、ここで津波被災地の見学を断念して戻ることにした。

大井の交差点に戻ったところ「歴史の街小高」の横看板が掲示してあった。おそらく平将門公以来の相馬野馬追《のまおい》の神事（初日に出陣式が執り行われる三つの神社の一つが相馬小高神社で、神事三日目の野馬懸《かけ》は同神社で奉納されるが、今年は二十五日月曜日の予定）のことや室町・戦国時代には城下町として栄えたことを指しているのであろう、今後の歴史にも幸あれと思った。

跨線橋の頂点部から左手の小高区本町を眺めると一般的な地方の街並みであり、住民が殆どいないとはとても思えなかった。橋を渡り終える前の左手には今野外科医院の二階建ての長い建物があったが、壊れた外壁の部分があり廃院かと思われた。一方、右手には市立小高病院の立派な高い建物が見えたので行ってみたところ、外来診療のみ行っているようであった。ちなみにその手前の小高調剤薬局は閉鎖されており、医療連携の関係にあっても「公」と「私」の施設の違いが存否の命運を分けていた。ここから左折して駅前商店街に向かっていったところ、途中にラーメンが美味しいと評判の山川食堂も閉鎖中であった。また、外観上全く異常がなくても表札が削り取られ、庭の手入れがなされていない一戸住宅も多く、この町に戻らない決意で出て行かれたのであろう。

そして駅前に続く道路に来たが、駅前通りの街並みはゴーストタウンとかシャッター商店街といった様相ではなく、一軒一軒が店を構え、閉店状態の建物も朽ちている様子ではなく所々に車が駐車されていることに救われる思いであった。「菓詩工房は小高区民と共に必ず復活！」の立て看板を掲げたお菓子屋さんも見られた。

駅に向かってもう一つ右側の小さな通りにはラーメンを中心とする双葉食堂（豊田英子さん経営）が開店しており、さらに少し進むと、同業である鈴木歯科医院の建物が見られたが、こちらはもう戻られないのではと思った。一方で、もんま整形外科医院と小平医院は診療を再開されており、ゆっくりながら復興への道がこれから本格化するものと期待された。また、自家用車は所々に見られても駅前の駐輪場には自転車が撤去されて一台もなく、これも長期にわたり避難指示解除準備区域であった特徴の一つかと思われた。ほかには仮設住宅や仮設商店街、半壊家屋や震災遺構、津波到達線表示が全てないこと等々、前七回の津波被災地の訪問で当たり前となっていた光景がなく、いささか面食らったとも言い得る感覚であった。なお、生鮮食料品を扱う仮設スーパー「東町エンガワ商店」の所在は確認できなかった。以上、本日の中心地の光景を一言で表現するのは難しいが、強いて言うならば、「大がかりな街並みのロケセットに数少ない人と車を配してみた」といったところになろうか。

なお地元紙である福島民報の本日紙の相双欄には、「小高2施設喜びの開所」の見出しで、「復興デザインセンター」と「陽だまりサロン～紅梅（註：紅梅は旧・小高町の町花）」が開設されたことが紹介されていた。小高中心街がどこまで復興できるかは先行で七千四百人規模の避難解除がされた楢葉町の例（解除後四ヶ月で四百二十一人、五・七％の帰還にとどまり、その七割は六十歳以上）からも予断を許さない状況かと推察されるが、若い世代がどれだけ戻って来るかにかかっているのではないかと思われる。二〇一七年四月に小・中・高校が新たに再開されることに期待したい。（付．参照）

こうして二時間の見学を終えたのち、午後一時三十七分発の常磐線・相馬行きに乗り、小高を後にした。なお、この復路では原ノ町駅と代行バスの新地駅で途中下車して散策し、東京への帰途に就いた。

今回は急に思い立って避難解除地を訪れ、津波被災地との外観の違いは確認できたが、結局、どなたとも話を交わすことができなかった。何をどう尋ねればよいか、当方の考えがまとまっていなかったためで、いささか悔いが残る。もう一度訪問し、ナマのお話をお聞きできればと願っている。

付．二〇一七年八月十五日に三回目の訪問をし、小高地区の活性源と期待される小高産業技術高校（旧工業高校の敷地に商業高校を吸収合併）を見学した。

二　七月三十一日(日)：初の常磐線下りルートでいわき経由にて楢葉町の竜田駅に

福島第一原発事故のあった双葉町・大熊町から北の二十キロ圏内には浪江町、その北に南相馬市小高地区があるが、逆に南の二十キロ圏内に富岡町、その南に今回訪問する双葉郡楢葉町がある。第一原発至近の双葉、大熊、浪江および富岡の四町は帰還困難区域または居住制限区域に指定されており、少し離れた小高地区と楢葉町が避難指示解除準備区域となっていた。そして、楢葉町は小高地区に先立ち、昨・平成二十七(二〇一五)年九月五日に避難解除されている。従って、十ヶ月余を過ぎると町の様子はどうなっているかを見ることで小高の今後を予測することができると考え、訪問を思い立った。さて、当地へのアクセスは東北新幹線を利用せず、初めて常磐線下りルートで北上し、いわき駅経由にて訪問するルートであった。

品川駅発六時四十四分の特急ひたち1号に乗車して終点のいわき駅に向かう。途中、「つくば」や「勝田」のフルマラソン参加で降りた土浦駅や勝田駅に停車した際、その名前に二十年以上も昔の出来事が思い出された。いわき駅に九時十八分着後、四分の待ち合わせで鈍行に乗り換え、終着で目的地の竜田駅に九時五十四分に到着した。

楢葉町は福島県浜通りの中央やや南に位置し、東側は太平洋に面する。町域の約二割にあたる東部の海寄りは平地で、中央・西部は阿武隈《あぶくま》高地の山地となっている。町の南に木戸川、北側に井出川が西から東に流れ、太平洋に注いでいる（Wikipedia）。

なお、福島第二原発の敷地は大部分が当・楢葉町の北端にあり、一部が北の富岡町にある。第二原発も爆発の危機に瀕したが、作業員の決死の作業で爆発を免れている。中央制御室の停電の有無が第一と第二の命運を分けたという。現在の住民七千四百人、今年二月の新聞報道では帰還者は四百三十人ほどの五%で、そのうち、六十歳以上が七割を占めるという甘くない現実がある。そういった状況下にあったので楢葉町の中心駅（一つ手前の南には無人の木戸駅がある）である竜田駅に降り立った時の第一印象には出発時から大きな関心があった。

1 住民には殆ど会えなかったが、復興の小さな芽は感じ取れた

竜田駅の降り口は西側一つで、小高駅よりは小ぶりな駅舎を出て、驚いたことが三つあった。そのうちの二つは交通手段で、何と、ここから原ノ町までの代行バスが出ていて、丁度、十時五分発のバスが停車しているところであった。表示では一日二往復で、途中下車駅は小高だけとは言え、立ち入り禁止区間を通過する訳で、南北の二ヶ所でゲートを開いて通過するのか、あるいは縦走する常磐自動車道には通行禁止区間がないのかと思いを巡らした。そしてもう一つはタクシーが二台、客待ちしていることでこれには安心した。さらに驚きの三つ目は、駅前には小さなロータリーがあるのみで駅前商店街や駅舎に直角の直線道路が無かったことで、正に「百聞は一見に如かず」であった。

早速、タクシーに乗り、町の中西部で阿武隈高地の丘陵地にある総合運動公園に行ってもらった。中年の男性運転手さんは大熊町の出身で避難解除後にタクシー会社に就職したという。駅前とは思えない曲がりくねった細い道を上がって行くと広い道路に入り、また視野も開けてきた。ほどなく運動公園に到着したところ、西側から野球場、サッカーなどの球技場、そして陸上競技場が並んでいた。ちなみに野球場では、小学校のクラブチームによる少年少女野球大会が昨日から二日間にわたって開催されていた。ユニフォーム姿の子供達がはつらつと動き回る光景や歓声は現在の楢葉町ではなおさら宝物のように思えた。入り口前の看板には対戦するチーム名が書いてあったが、「いわき南」とか「文京ジャイアンツ」など、遠方と思われる名称も見られた。

ここに別れを告げ、中心街に戻る途中で楢葉中学校があったので寄ってもらった。現在はいわき市中央台の仮校舎で授業が行われているが、眼前の立派な鉄筋建て校舎は来年四月からの再開を待ち望んでいるようだった（註：学童、生徒が少なく、平成二十九年四月より、楢葉北小、楢葉南小および楢葉中の三校編成で約八十名にて再開）。その後、官庁関係が集中する町役場で下車したが、タクシーを利用できて本当に良かった。

さて、ここには立派な町役場の建物を中心に町民体育館、双葉警察署楢葉駐在所、道を挟んで東邦銀行楢葉支店等が集中しているためか、役場西駐車場には仮設商店街が設置されていた。津波被災地ではよく見られたが、楢葉ではここが最適かつ必要な設置場所と判断されたのであろう。残念ながら本日は休業日で内部に入ることはできなかった。また、役場前にある一メートルほどの高さの句碑に書いてある楢葉音頭の歌詞を書き写していたところ、松戸から来たという中年の男性に声を掛けられた。被災地には時々訪れておられるようで、筆者と同じ思いの方と情報交換ができて良かった。

ここからタクシーで来た細い道を駅に向かって下りていったが、眼下に見下ろせる集合住宅地帯の各家屋の一階の雨戸はシャッターで覆われており、帰還されておられる雰囲気はなかった。さらに道すがら、わたなべ美容室の看板の家には生活感がなく、閉鎖中のヘアーサロン・サカモトの看板の時計は二時四十八分で止まったままだった。さらに下ると、銀鱗隆寿司の大きな店兼自宅があったが内部は散乱し、道の反対側の魚六の店は看板がはげ落ちていた。その一方で、洗濯物が干してある住宅、外装修理のための足組みのある住宅、新築中の家屋はいずれも立派で、これらを散見するとホッとする思いであった。

正午に駅に戻り、今度は駅舎東側にある海岸線を見ることにした。閉鎖された駅前のくもん塾を右手に見ながら、駅舎から南に二百メートルの所に線路を横切る跨線橋の道路があり、ここから海岸方向一・五キロほどの平地の先に青い海を遠望することができた。見渡す限り住宅や人影はなく、海岸まで半分ほどの直線を歩いた地点に「津波浸水区間ここからstart」の看板が掲げられていた。

このあたり一帯は耕作地だったようで一面の野原に変わっていた。さらに海岸寄りには除染された土壌を入れた黒い袋のフレコンバッグが二段に積まれ無数に置かれていた（写真9）。その奥には二台のクレーン車があり、井出川に架かっていた橋の再建工事が行われているようで、さらに波

写真9：楢葉町沿岸部に置かれた、除染土入りの多数のフレコンバッグ。放射能汚染地域で常態化したこの光景はいつ解消するのだろうか。

打ち際には破壊された防潮堤が見られた。まだまだ工事中で、来年一月に終了を目指しているとの看板もあった。

ここから南の方向一キロほどにある天神岬スポーツ公園・キャンプ場に行ってみることにした。峠を一つ越えるように上り切り、しばらく進むと公園の広場が見えた。海岸近くであるが断崖絶壁の高台にあり、昨日ここで、町制六十周年を記念して六年振りにサマーフェスティバルが開催され、大いに賑わったとの新聞記事が載っていた（福島民報、三十一日朝刊）。また「展望の宿　天神」と表示された立派な宿泊施設前には車も数台駐車しており、経営が少しずつ軌道に乗りつつあるのかと推察した。こうして沿岸部の視察を終え、直線コースで駅まで戻ることにした。いずれにしてもこの近辺は高台でおそらく津波被害もなく、途中に散見される住宅は駅西の商業施設側よりも立派な一戸建てが多かった。

駅前付近に戻り、近辺をじっくり散策してみた。駅前から一つ越えた道に右折してみると、食品スーパーのネモトの大きな一階建ての建物があった。人影はなかったが内部の照明は点いていた。また、駐車場の右側には飲食店や「民宿ならは」の看板があり、経営中と思われた。一方、外見では全く損傷のない住宅の前に解体中の表示がしてあったり、逆に新築中の住宅もあった。さらに駅前を北に進むと、閉鎖されたガソリンスタンドの結城輪業商会、「解体対象建物」とドアの入り口に貼られた理容・松本、看板が損傷している山野辺美容室などが続き、さらに無人の楢葉北小学校前に来た。同校もいわき市の仮校舎で授業中とのこと、校庭隅の鉄棒などが錆び付いており、五年の歳月を物語っていた。

さらに進むと常磐線の踏切があった。竜田駅の百メートルほど北で避難区域の富岡側にあるので、現在は使用されていない線路は錆びて枯れ草が覆っていたが、オリンピックまでには全面再開という国の予定のようだ。

総括

こうしてほぼ五時間、町を散策してみて印象を述べねばならないが、帰還者が数%という現実は厳しく、住民の方には殆どお会いすることはなかった。やはりサービス業の方々の戻りがないのが印象的であった。帰途の駅舎内で、親子四人（子供は中学生ぐらい）の家族連れを見送る当地在住の母（孫からは祖母）と思われる姿を偶然見ることになったが、一家は東京に戻ってからさらに新幹線に乗るとの話が聞こえた。このように帰還者の七割が六十歳以上という実際を目前に見ることになったが、今後の楢葉町の展望について記載してある新聞記事の抜粋を掲載して、この項を終えることにする。

2

「今後三年が勝負」（日本経済新聞、二〇一六年二月二十一日朝刊）

昨年9月の避難指示解除から5カ月余り。約7400人いた住民のうち週4日以上町で暮らす人は430人ほどで、5％台にとどまる。常磐線・竜田駅東側に福島第1原発の廃炉関連企業が入居する事務所を整備する。同地区に17年度開業のホテル建設も決定。100人規模の地元採用が見込まれるなど、好材料も兆す。廃炉技術研究などビジネス人口流入をにぎわい創出の起爆剤として住民帰還の呼び水とするシナリオだ。「今後三年が勝負」と町幹部は言う。再生の先陣を切る楢葉の帰還率が5割以下なら「原発被災地自治体の広域合併が現実味を帯びる」と危機感を抱く。

付．九月二十一日の同紙の記事では楢葉町の避難解除から一年経った時点での帰還率は一割弱にとどまっている。

三　二〇一七年一月八日(日)：竜田駅からバスで避難区域を北上し、小高区を再訪

一一項の山元町の欄でも記載したが、急ピッチで常磐線の山下、坂元および新地の各駅と線路の復旧工事が完了し、それまでのバス代行路線であった浜吉田―相馬間が二〇一六年十二月十日に運行再開となった。そこで今回は、①竜田―小高間の代行バス路線区間（避難区域で最後の常磐線代行区間）を通過すること、②小高区を半年ぶりに再訪し、③新・山下駅を訪問することとした。

1　バスの車窓から見る避難区域は正にゴーストタウンであった

昨年七月三十一日のアクセスルートと同様、品川駅午前六時四十四分発の常磐線特急ひたち1号で北上、最終のいわき駅で普通列車に乗り換え、竜田駅に九時五十四分に到着した。

駅前の代行バスは二台用意されていて前回より乗客が倍増したことになるが、その大きな理由は前述の浜吉田―相馬間が再開したからであろう。これによって常磐線の終着駅である仙台までのアクセスが小高から直通になり、二台のバスに満席の乗客の方々の多くは終点の原ノ町まで行かれるのであろう。

バスは十時五分に出発。しばらくして国道6号線に入り、避難地域を北上していった。車窓から十時十九分に富岡町の双葉警察署、十時二十五分に大熊町の標識、十時三十五分に双葉町体育館、

十時四十分に浪江町役場を見て、十時四十一分に避難解除された小高区に入った。頭ではわかっていても避難区域はゴーストタウン。放射線で強制避難させられていることは不条理の極みで、一瞬にしてそれまでの日常生活が奪われ、決して元の状態に戻ることはなく、南から富岡、大熊、双葉および浪江の住民の方々にはお気の毒としか申し上げようがない。

2 小高区の街並みと人の気配の様子は基本的に半年前と変わらなかった

十時五十二分、唯一の途中停留所である小高駅前で下車したが、降りた乗客は筆者を含め僅かで、殆どが二駅先で南相馬市の中心である最終の原ノ町駅までの乗客であった。次の原ノ町までの下り列車が十二時三十分なので乗り継ぎのみでは不便であるが、筆者には小高再訪の目的があり、散策には至適な一時間半であった。

まずは前回行かなかった相馬野馬追いの一翼を担う小高神社に参拝したが、小高城跡とのことで境内は広かった。次に区役所に戻ってから駅前中心街に入ったが、街並みは殆ど変化がなく多くの住民が戻ったという印象はなかった。また医療関係ではもんま整形外科は週二回診療となっていたが、時田皮膚科と西歯科は閉院かと思われた。人が戻らねば殆ど全ての自営業は成り立たない。唯一、双葉食堂は専用駐車場に十台ほどの自家用車が駐車しており盛業中のようであった。

3 新・山下駅前は立派に整備されていた

　竜田駅に戻って下り列車に乗り最後の目的地、山下駅に向かった。津波により駅舎が崩壊した福島県新地町の新地駅、宮城県山元町の坂元駅、山下駅の三駅では急ピッチで鉄路と共に再建されてきたが、そのうち、坂元と山下の両駅は旧駅から約一キロ内陸に移動し、さらに高架にして万全の津波対策が講じられ、昨年十二月十日、震災後五年九ヶ月ぶりに再開した。

　新地と坂元は再開前に見ていたので今回は山下駅で下車することにした。小高駅から仙台までの直通はなく、原ノ町とのピストン輸送となっており、一旦、原ノ町で降り、改めて十二時五十九分に出発、山下駅には午後一時三十五分に着いた。

　高架の駅は立派で、駅前には大きなスーパーとドラッグストアがでんと構え、広い駐車スペースも用意されていた。駅前は商業施設や住宅などの都市機能を集中させた「コンパクトシティ」の構築が進んでいる（日経：二〇一六年十二月十日）。後は子育て世代が来てくれることが大切と立派な小学校の校舎とその奥には保健所に併設されたこどもセンターも新設されていた。

　そこから西に真っ直ぐ上がっていけば前回訪問した町役場の仮設庁舎があると聞いたが、無理しないことにした。逆に思い立って、旧・山下駅を見ようと駅前のタクシーに乗って沿岸方向の現場まで行ったところ、プラットホームは辛うじて残り、皮肉なことに立派なトイレはほぼ原形を保っていた。いずれここに震災慰霊碑が建てられるという。河北新報が掲げる「大津波の悲劇」八つのうち、ここ山元町は、ふじ幼稚園、常磐山元自動車学校、東保育園と三つもの悲劇があった。改めて犠牲者の霊安かれと合掌しつつ復興を祈念した。被災地訪問の背中を押してくれたメッセージをくださった「ともこ」様、貴地を再訪しましたよ。お元気で頑張ってください。

こうして、仙台まで常磐線で北上してから新幹線に乗って帰京の途に就いた。

二〇「ストーマ認定士」養成講習会から講演要請を受ける

（平成二十八年十月十日）

現代医学の急速な進歩につれ、日常の臨床業務も高度化、細分化しており、それに連動して看護業務も多種多様となっている。そこで日本看護協会では、特定の看護業務に精通する「認定看護師」養成制度を設けている。現在二十一コースあり、その一つが一九九五年十一月に「救急看護」と共に最初に認定された「皮膚排泄ケア」認定看護師で、その専門性はストーマケアを基盤として始まり、次第に創傷ケアや失禁ケアへと拡大している。また、その教育機関は全国で八施設、開講期間は八〜十二ヶ月で、その間に七百〜八百時間の講義・実習が課せられており、年間約百名が養成され、現在は二千二百名ほどである。

しかし、オストメイト（ストーマ保有者：人工肛門・人工膀胱保有者）の総数は約二十万人余とされ、そのストーマケアをカバーするにはまだまだ絶対的に不足である。全国約七十万人とされる看護師の中で、ストーマの知識は多少はあるとしても、実際に診たことのある看護師は極めて少数であろうことは容易に推測される。

そこで日本ストーマ・排泄リハビリテーション学会は関連する日本大腸肛門学会、日本看護協会および日本泌尿器科学会と連携しながら、ストーマケアに携わることができる看護師の養成を目的として各地で基礎講習会を実施してきた。全国に十七ある地域講習会の代表的な一つが今回の東京ストーマリハビリテーション講習会である。実施母体は日本ストーマ・排泄リハビリテーション学会の地方会組織である東京ストーマリハビリテーション研究会で、現会長は東邦大学消化器外科教授の船橋公彦先生、そして講習会の実行委員長は東京女子医大消化器外科准教授の板橋道朗先生である。両先生とも五十代半ばで、筆者より十五歳ほどお若い。

今回の講習会は第二十七回であるが、実は二〇一六年の帝京大学での第二十六回でも依頼され、講演した。その御縁はNPO法人キャンサーネットジャパンが行っている大腸癌啓発ブルーリボンキャラバンの二〇一四年度に演者の一人として四回参加した際、演者の一人の板橋先生と面識を得てからである。しかし、講習会での講演は今回きりであろうと判断し、三日目の朝一番に体験談を中心にお話ししてすぐに帰ったところ、数日して当日不在であった板橋先生からのEメールで次年度も講演をと依頼を受けた。その時、先生が本基礎講習会の実行委員長であることを初めて知り、少なくとも先生がその地位に留まる限り、筆者の講演枠が一定期間続くのかなという思いに至った。となれば、講演内容の向上にもっと真剣に取り組もうという心境になっていった。具体的には、講習会執行部と受講者双方のニーズに独自性と整合性を併せ持って適切に応えるべく、まずは三日間の講習会に参加し、その実情を把握することにした。

十月八日（土）講習会第一日：驚き！ 会長の船橋先生とは同郷で、実家間の距離は僅か数百メートルであった

この講習会は杏林大、慈恵医大、帝京大、逓信病院、東京女子医大および東邦大の六校の持ち回り当番制で、今回の講習会は杏林大、世話人は同大消化器外科の松岡弘芳准教授である。

自宅至近の洗足駅を六時四十分に乗車。目黒駅からJR山手線と総武線を利用して吉祥寺駅に七時二十一分着。駅前南口から、小田急バス七時三十三分発に乗って南下し、杏林大学病院前に七時五十八分に到着。案内に従い、会場の医学部棟に向かって三階の役員・演者控え室に寄り、挨拶してから講義が行われる二階の第一講堂に移った。

本講習会の受講者定員は約七十名、資格は臨床経験三年以上で、ストーマケアに情熱を注いでいる人とあり、今回は八十名で医師一名以外全員が看護師であった。テキストの冒頭に書かれている講習会の目標は「ストーマ保有者の健康的な日常生活への復帰を効果的に援助できるようになるためにストーマリハビリテーションの基礎的能力（知識、技能、理念）を習得する」とあり、講習会後からのストーマケア臨床にすぐに応用できるよう、講義のみならず、グループ討議や実習が盛り込まれている。

さて、第一講堂は約百人収容でき、筆者は最後方の空いている席に座った。九時から船橋会長の開講式挨拶、松岡世話人のオリエンテーションに続いて、松浦信子皮膚排泄ケア認定看護師（以下、ナースの英語頭文字のN.と略）により「ストーマケアの問題点」から講義が始まった。と思いきや、

いきなり集団討議に移行した。すなわち、「ストーマケアを通して、日頃感じている問題やジレンマはどのようなことでしょうか?」の問いに関して、指定座席に座っている近隣の受講者八名毎の各グループで討論が始まった。

そこは現役の看護師で、日常臨床において看護ステーションでの朝のミーティングや夕方の申し送りなどの機会があり、自然に一人がリーダーとなって二十分の討論が進められた。その結果発表で浮かび上がった点は以下のようである。「ストーマ患者の年齢や職種が多様化していて対応が難しく、認定看護師（通称、WOCナース）頼りになってしまう」、「入院期間が短縮され、退院指導やストーマ装具選択が難しい」、「老々介護への指導が難しく、転院先などの社会資源に対する知識不足を感じる」、「ストーマとそのケアに関して医師の知識や認識との間にズレを感じる」等々で、「今抱えているこれらの問題をこの三日間で解決しましょう」と松浦N.により結ばれた。ストーマケア能力の向上を企図した本講習会の導入としては実に的確であると感心した。

次の「ストーマケア」の基本では、ストーマがどういうものか知ろうとせず、自宅では妻に装具交換をさせている人がいるという「老々介護」の一端の現実を聞いたが、それができない独居の高齢患者が増加しており、訪問看護師などの「社会資源」の活用も重要事項かと思われた。

ここで十分間の休憩に入った際、後方に立っておられた船橋会長から声を掛けられた。筆者は日頃のストーマ関連学会・研究会でよく存じ上げていたが、話す機会はあるはずもなく、正に「渡りに舟」であった。テキストの筆者紹介欄に愛知県稲沢市出身であると記載されており、船橋先生が同郷であることから声を掛けていただいたと知ったが、対話を進めると同じＪＲ稲沢駅前に実家があって、しかも歯科医院と薬局という医療系、さらに稲沢東小学校と稲沢中学校の同窓ということがわかり、一気に会話が盛り上がった。これだけでも講習会に参加した価値があったと思った。

休憩終了後、「皮膚疾患と皮膚保護剤」、「ストーマ用品概説」と講義が続き、次の商品展示オリエンテーションではメーカー七社の自社製品紹介があったが、筆者が使用していないＭ社からの発表があった。筆者は同社の存在を知らなかったので、直ちに製品を試用してみることにしたが、これも講習会参加の効用であった。昼食後は、「ストーマスキンケア」、「ストーマ保有者の社会保障」、「抗癌剤治療とストーマケア」と最初の松浦N.に始まって七名の看護師からの講義が続いた。

さらに二回の休憩を挟んで、「消化器ストーマ総論・造設法」、「消化器ストーマと合併症」では消化器外科医から、また「尿路ストーマ」、「尿路ストーマと合併症」では泌尿器科医から講義があったが、これら一連の講義内容は日頃のオストメイト講習会（社会適応訓練事業、略して「社適」と通称している）で拝聴はしているが、良い復習の機会となった。最後に本日のまとめとして、質疑応答があり、五時十五分に第一日が終了した。

十月九日（日）講習会第二日：筆者の本番、少なくとも役員の方々には好評をいただいた

本日は昨日より少し早めに自宅を出て、大学病院に七時四十分に到着した。さあ、いよいよ本番。医療者対象のストーマ講演は完全アウェーの所に一人で乗り込む感覚で、オストメイトや一般市民

の方々が対象の場合より、良い意味で気持ちが高ぶる。控え室で役員の方々と談笑してから第一講堂に移動し、八時半から「走る医療者オストメイトとして」と題して以下の概要で三十分間の講演を行った。

（一）私の大腸癌開腹手術歴（イントロ）：「私は愛知県生まれの七十一歳。五年半前まで金沢大学病院口腔外科の教授をしていました。大腸癌発症は二〇〇五年八月の六十歳時、下行結腸癌で準・緊急手術を受けました。その後、上部直腸、さらに肝臓に転移し、計三回の開腹手術を受け、ストーマは二回目の時に『仮設』されました。その後、主治医からストーマ閉鎖は難しいとの説明を受け、最終手術後五年が近くなった二〇一二年十一月を期して自らストーマの永久受容を決断し、オストミー協会に入りました」。

（二）ストーマを永久受容して新展開：「ストーマを永久受容した以上、啓発活動は医療者オストメイトとしての使命と考え、執筆、講演活動に傾注してきました。すなわち、私が考える医療者オストメイトの使命とは、医療者と癌体験者・オストメイトとの橋渡し役であり、医療者には癌体験者・オストメイトの心情や暮らしの実情を伝え、一方で、癌体験者・オストメイトには当該医療の最新情報を伝えると共に、〝元気を届けられれば〟と思っています」。

「それでは、まず私のストーマのセルフケアの実際をお話しします。私のストーマはS状結腸に造設されており、これまで九年三ヶ月間に六社の単品系ストーマ装具を交替で計六百四十枚使用してきました。その経験からわかったことは、装具交換時の注意深い手技が使用日数の長短に影響することでした。具体的には、粘着部皮膚の水分をよく拭き取って乾燥させることが基本で、貼付初期は乾性粘性、次第に湿性粘性優位となる皮膚保護剤の特性に対する理解が重要です」。「そして私が希望するストーマ装具の3条件は、〝装着感がない、一週間を目処に長く使用できる、マラソン走行時に支障を来さない〟であり、いずれの製品も条件を満たしています」。

「次にオストメイトに共通の懸案について述べます。まず、銭湯や温泉入浴では節度あるマナーが望まれます。また、便漏れとそれによる臭いは装具がきちんと貼付されていれば、無いと断言できます。さらに自分で装具交換ができなくなった場合は、くよくよ考えないでお願いしよう。最後に、オストメイトであることの告白は非常にデリケートで個人個人の考えはさまざまであろう。私は医療者として公表の道を選びました」。

(三) オストメイトとスポーツと私：「オストメイトにとって基本的には全てOKですが、柔道などの接触スポーツではストーマ保護の配慮が必要でしょう。また、マラソン走行中は交感神経優位で、コロストミーの場合には便は殆ど貯留しませんし、運動は結腸癌の再発予防因子となっています。そして、マラソン本を出版してから、講演とメディア取材が次のように急増しました。すなわち、後遅走サンデー・シリーズの第六編、『定年教授の癌克服ラン日記（二〇一三年）』と同・第七編、『走る定年教授の充実オストメイト・ライフ（二〇一五年）』の間に、『走って治すぞ、ガン闘病。（二〇一四年）』の三冊を徳間書店さんから出版できました。これがきっかけとなって、週刊女性の『人間ドキュメント』欄に六頁長（二〇一四年）、またBS11の「ウィークリーニュースONZE」というテレビ番組では二十三分間（二〇一四年）、さらに読売新聞医療欄『ストーマと生きる（二〇一六年）』にも五名の中の一人として、それぞれ紹介されました。また講演は三年間で今回が十九回目となっていますが、急に関心をいただいた理由として、これまで医療者オストメイトの啓発活動が無かったからではと推察しています」。

（四）まとめ：「そろそろまとめになりますが、オストメイトになって失ったものは、爽快な排便行為、頻回の温泉入浴、気兼ねの無い性行為であり、逆に得たものは、オストミー協会等での新しい出会い、医療者オストメイトとして広告塔になったことで、出版、講演、メディア取材と充実の定年後ライフが過ごせていることです」。「そして、最後にストーマ保有者からのメッセージです。外科医には、まずは確実な癌切除、不都合のないストーマ造設、患者の体だけでなく、心と暮らしにも関心を。一方、看護師さんには、ストーマケアを習熟されたうえで、ストーマやそれ以外の悩みを持つ患者に寄り添い、その思いをしっかりと受け止めてあげてください。以上です」。

本日のその後の講義は「ストーマサイトマーキング」と「ストーマ保有者の生活」のみで、後者では筆者の講演内容を随所で演者の平山千登勢N.に引用していただき、整合性が確認できた。その他は午前午後にわたって、「ストーマ造設術前のケアプログラム」のグループ討議、「アフターヌーン・セミナー」では、豚の腸管を使ってのストーマ形成術のライブショーが行われ、最後には一階食堂に場所を移し、「ストーマ用品取り扱いと位置決めの実際」の実習が二時間半にわたって行われた。筆者は実習時間を利用して、旧知の篠崎榮子先生が個展（八日〜十五日）を開いておられる吉祥寺駅北の画廊エスカリエ・セーを表敬訪問した。花や樹木を画題にした十七点の水彩画は精緻で心安まるもので、また、たまたま筆者の近隣での仕事と期日が重なったことに御縁を感じた。戻る途中で駅南側にある井の頭公園を散策し、大学に午後四時半に戻った。六時から院内の松本楼で開催された懇親会では、筆者の講演に高い評価をいただき、次年度の世話人である逓信病院の村田祐二郎先生から来年の講演依頼を受け、快諾した。

なお第三日も終日視聴したが、その内容は、講義では「術後排便障害」、「排尿障害・性機能障害」、「小児ストーマと合併症」、「小児ストーマの術前・術後ケア」、「消化管栄養瘻《ろう》（PEG）」が、グループ討議では「ストーマ造設術後のケアプログラム」であった。最後に総括討議、質疑応答ののち、五時に修了式が行われ、全ての日程が終了した。なお、修了者はストーマリハビリテーション学会に申請すれば「ストーマ認定士」の称号が付与され、実際のストーマサイトマーキング行為に四百五十点の保険請求ができるインセンティブがあり、さらに上級のコースを受講する資格を得たことにもなる。

感想

初めてストーマ基礎講習会をフル視聴したが、充分に配慮されたプログラムには第二十七回目という歴史が刻まれていた。そして、筆者の講演が何かのお役に立てれば幸いとの思いで、次年度に向けてさらに講演内容を改善していきたいと念じている。

二一　遂に、ストーマに関する総本山の学会で発表の機会をいただく

（平成二十九年二月十八日）

前項と関連するが、我が国におけるストーマあるいはオストミーと大きく関連する学会は、日本ストーマ・排泄リハビリテーション学会と日本創傷・オストミー・失禁管理学会の二つである。ストーマケアの指導という職務上、双方とも会員の殆どは看護師であるが、前者ではストーマを造設する消化器外科医や泌尿器科医が全体の一割ほどを占め、執行部構成は医師・看護師がほぼ対等である。一方、後者は看護協会所属の学会で執行部も看護師、これに褥瘡《じょくそう》研究などの関連から皮膚科医が若干加わるといった違いがある。さて今回、前者の学会で遂に発表の機会をいただくという、筆者にとってはエポック・メーキングな出来事に遭遇したので、これを書き留めることにした。

1　筆者の元・主治医で胃癌術後闘病中の西村元一先生の熱意が学会長に伝わる

西村先生から学会講演に関するEメールが届いたのは昨年の十一月八日で、先生から提案された「私・西村と山本先生とのコラボで講演をしたい」という持ち込み企画が学会長の前田耕太郎教授によって受理されたとのこと。学会までわずか三ヶ月余しかない段階で、こんなことが可能なのか

と西村先生の行動力と、それを受け止められた前田会長の柔軟性には本当に驚きで、筆者も二つ返事で講演快諾の返信をした。

その後、タイトルは特別企画：対談「わたしたちの思いを繋いで」に決定し、演者にはブルーリボンキャラバンで御一緒したフリーアナウンサーの中井美穂さんが加わり、座長は前田会長の上司であられる丸田守人名誉教授が務められることになった。会期は第二日の午後二時〜三時の一時間、会場はメインの第一会場で会長講演後というプライムタイム、他会場での同時進行の講演無しという凄いお膳立てで、これには筆者も久し振りに武者震いの心境であった。

2　二月十八日㈯：具体的な進行は本番一時間前の打ち合わせで決定

ただ具体的な進行はどうなるのかは漠然としたところで留まっていた。運営事務局から届いたEメールでは、「丸田先生の自己紹介、山本先生と西村先生のパワーポイントを用いた自己紹介（十〜十五分程度）、中井様の自己紹介、その後、中井様に仕切っていただいて三人で対談」となっていた。腹膜炎で一時的にストーマを造設された中井さん、進行大腸癌でオストメイトになった筆者、筆者の主治医で自らも進行胃癌に罹患し、現在も術後闘病中の西村先生の鼎談でどのようにまとまるのかと案じつつ講演内容を構成していった。

さて、第三十四回日本ストーマ・排泄リハビリテーション学会は二〇一七年二月十七日午後〜十八日の一日半の会期で藤田保健衛生大学下部消化器外科教授の前田耕太郎会長のもとに名古屋観光ホテルで開催された。筆者も気合いを込めて前日の十六日から名古屋に入り、十七日午前には実家のある稲沢市（名古屋から北西へ二十キロほど）に行き、墓参して講演の成功を亡き両親にお願いした。また、そのついでに実家の歯科医院を継承している甥を医院に訪ねて旧交を温めたが、彼の父である筆者の長兄は膵臓癌で四十六歳で急逝しており、いつも彼のことは気にかけていた。午後にホテルに戻り、講演を視聴したのち、六時半からの懇親会では「白ワインと名古屋めし」で明日への英気を養った。

そして、いよいよ十八日の本番当日がやってきた。午前の講演とランチョンセミナーを拝聴して、午後一時前に演者控え室に入り、関係者が一堂に会したところで、初めて全ての仕切りは丸田先生がされることが判明した。気心の知れた三人の仲間内の講演と討論かとうすうす思っていたので、これには筆者同様、中井さんと西村先生も一瞬とまどった様子だった。そして、丸田先生の案で、講演順は中井さん、筆者、西村先生で中井さんの司会はなく講演のみ、丸田先生は自己紹介はなく司会に専念。そして、中井さんと筆者が講演したところでストーマに関する討論、次いで西村先生の講演ののち、癌の告知・受容に関する討論と決まった。筆者のスライド枚数も二十二枚から十五枚に削減され、これにも戸惑ったが、そんな場合ではないと気を取り直し、講演の流れに整合性があるようにと十五枚をパソコンで改めて通覧・確認した。

3 本番は大成功だった

一時半前には会長講演を拝聴するために会場の最前列の関係者席に座った。今回の学会のテーマは「思いを繋いで」であり、会長の思いを視聴したうえで、講演に臨む決意であった。前田会長はこれまで三期九年にわたって本学会の理事長を務められ、この学会を花道に三月に定年退職されるとのことで、講演ではこれまでの回顧と展望を話された。講演後に司会の穴澤先生からの感謝と讃辞の言葉に涙ぐまれるシーンがあり、感動的であった。

次の我々のセッションは椅子の設営等の準備で五分ほど遅れて始まった。壇上には四つの高級な椅子とその前に二つのテーブルと映像モニターが置かれ、向かって左から中井さん、筆者、西村先生、丸田先生が座った。壇上から見る会場の光景は壮観で、聴衆はほぼ千席ほど満席で後方には立ち見も多くおられ、また隣の会場にはライブ・ビューイングが設けられ、そこも満員との由であった。

丸田先生の開会挨拶、本企画の主旨説明と演者紹介の後、中井さんの演台からの講演が始まった。昨年二月十五日のテレビ朝日系「徹子の部屋」で腹膜炎からストーマを一年余造設していたことを告白されたいきさつや実際のストーマ生活についてパソコン無しで話された。その中で印象的だった言葉がストーマに付けた愛称「光圀君」で、もちろん「水戸黄門（＝肛門）、光圀公」に由来しているが、ストーマを前向きに捉えたエピソードであった。

やはりプロのアナウンサーで、聴衆を惹きつけるのがお上手であったが、講演時間は筆者の予測より長く十五分ほどで、既に一時二十五分に近づいていた。そこで次に筆者が演台に移り、パソコンを用いて講演を行った。タイトルは「大腸癌から生還した定年後の充実オストメイトライフ」でその内容は前項の講習会の三十分用をギュッと圧縮したもので、「私のプロフィール」、「私の大腸癌開腹手術歴」、「癌の術者と患者を経験して」、「ストーマを永久受容した以上、公表が使命！」、「オストメイトとスポーツと私」、「ストーマ保有者からのメッセージ」の六つについて手短に十分ほどでお話しした。辛い話をできるだけ明るく話すことに努めた結果、結構、会場から「笑い」をいただくことができた。もちろん、聴衆の方々も関心を持って視聴してくださったおかげでもある。例えば、手術歴では「三度の手術を受けながら、一度も腹腔鏡下のオペの恩恵を受けませんでした」が最初の笑いで、この程度で受けるならばと気持ちがハイになり、「術後は根本的に食生活を変更しましたが、昨日の懇親会では白ワインと名古屋めしで美味を堪能しました」で三回目、最後はストーマへの感謝のつもりで自らのストーマの形を取って作った石膏模型をお見せした時で、「歯医者ですのでこんなものはお手の物、ついでに家内も歯医者です」で最後の笑いをいただいた。

椅子に戻って、丸田先生からの御質問は、ストーマを受け入れた時の気持ち、ストーマ外来での看護師さんの対応、飛行機内での注意、オストメイトトイレの利用などであった。これが終わって既に二時四十分、時間内に終わるのかななどと考えているうち、西村先生の講演に移った。一昨年の三月二十六日の大量下血で発見された幽門部の進行胃癌で放っておけば半年の命と告げられ、金沢大学病院で切除手術、その後の化学療法や放射線照射など、正に壮絶な闘病の中にある。そんな

写真10：2016年11月18日、癌患者の交流拠点「元ちゃんハウス」開設直前に訪問した際の西村先生（右）と筆者（金沢市内）。

中、金沢市内に癌患者の交流拠点を開設され、癌患者になった医師としての思いなどがマスメディア等に頻繁に紹介されていることを話された。

これで二時五十分。丸田先生の御質問は告知された時の気持ち、筆者がＶＩＰ扱いであったことの具体的事項、今後をどう生きるかといったものであった。このうちＶＩＰ扱いについては、「救急車で金大の救急部玄関に到着した時、十名近いスタッフの方々がわざわざ外に出て出迎えてくださり、これで死んでも良いなと思ったくらいでした。ただし入院中は慎重の上にも慎重にとのことで検査が多く、入院期間も長くなりました」とお答えした。なお、納得できたことで印象的だったのは、筆者のストーマの石膏模型をお見せした際、西村先生が「若い医師に任せず、私自身がストーマを造設しました」と言ってくださったことで、全く問題のないストーマ造設まで全力投球されたことに感動した。

定刻の五分前に終わり、前田会長から感謝状までいただき、ぴたりと時間内に終了した。丸田先生の周到な準備と配慮に敬服し、私はこれを「丸田マジック」と呼ばせていただいた。講演後も会場から色々と声をかけられ、一躍「時の人」になれたことに感激至極であった。

四時過ぎに会場を辞し、地下鉄で金山駅に移動した。ホテル内の高級和食店の一室に山本姉弟五人（筆者以外は愛知県在住で、筆者は末っ子）が集まり、美味しい食事と飲み物で楽しいひとときを過ごした。終了後に再会を祈念し、名古屋駅から新幹線で帰京の途に就いた。今回の講演は、筆者の定年後としては五指の中に入るビッグイベントであり、終生忘れることはなかろう。この企画を提案していただいた現・金沢赤十字病院副院長の西村元一先生、それを受諾していただいた前田耕太郎教授に改めて感謝する。

付．西村元一先生（写真10）は本学会の三ヶ月後の五月三十一日に亡くなられた。享年五十八。筆者とのコラボ講演の約束を実現していただいたことに深謝し、謹んで哀悼の意を表します。合掌。

一二　六年後の3・11には見残しの多賀城と仙台東岸部へ（平成二十九年三月十一日〜十二日）

昨年に引き続き、3・11に被災地を訪問することにした。特別な日なので、より一層、身の引き締まる思いになるからである。これまで東北の各新幹線駅から一〜三時間ほどかけて最終目的地に着いたが、そういう点では東京から最至近の被災地として仙台市東岸部とその北に隣接する多賀城市が見残しになっており、同地域を訪問することにした。ただ、それだけではもったいないので仙石線で女川、石巻を再訪したのち、その復路で塩釜在住の友人と多賀城で会食し、一泊する計画とした。

三月十一日（土）：まずは三市町を訪問

自宅を五時半に出発、新幹線東京駅六時三十二分発のはやぶさ1号に乗車し、仙台八時四分着。仙石東北ラインで石巻、そこから石巻線で女川に九時三十三分に到着した。

1　女川駅前は「シーパルピア女川」として生まれ変わっていた（六項参照）

壊滅的な被害を受けた女川駅前では自治体、地権者や商店街店主らが被災直後から結束し、個人の事情より全体の将来像を優先して、町を新生させる道を選択していた。その答えがシーパルピア（seapal-pier＝海仲間の娯楽の埠頭）である。やや高台に新設された新・女川駅から海に向かって真っ直ぐの幅十メートルほどのレンガ道が二百メートル長ほど整備され、その左右に三十店舗ほどの商店や飲食店、さらにその外側に郵便局などの公的機関が真新しい建築の中に収まっていた。横転した女川交番を含め、なおも整備中の沿岸部を除き、すっきりした景観であり、多くの観光客が訪れることを祈りたい。ちなみに女川交番は満潮時には海水に三十センチほど漬かるとのことで、やや沈下しているように見えた。

2 石巻では震災遺構予定の門脇小学校にタクシーで直行

石巻線で女川駅を十一時に出発し、石巻駅に十一時三十五分に到着した。同じく六項で述べたように、前回は石巻市北東端部にある悲劇の大川小学校の訪問が主目的であった。その後、市街地に戻って次にどこを訪問したら良いかを投宿するホテルのフロントの方に聞き、駅から南方二キロの標高六十・四メートルの日和山にレンタサイクルで行き、大変有益であった。

日和山の南で、旧・北上川河口付近の門脇・南浜地区は甚大な津波被害を受けて移転推進地域に指定され、将来、記念公園が設置されることに決定している（註：起工式は今年・二〇一七年三月十九日に、下記の門脇小学校の海側前方で行われた）。前回訪問の後に自宅に戻ってネット検索したところ、同地にあった門脇小学校では、3・11の際の地震が収まった直後に、鈴木洋子校長の引率で日和山に避難を始め、一人の犠牲者も出さなかったという記事を読んで感動したので、震災遺構に指定された同小学校の今を見学することにした。

本日は多くの犠牲者の方々の命日のためか、前回利用した駅前のレンタサイクルは出払っており、タクシーで直行することにした。十分ほど乗って降りたが、三階建て鉄筋校舎には覆いが掛けられており、運転手さんに指示されなければわからなかった。念のため、持参した震災記録本と照合したところ、屋上に横方向で掲示されている標語「すこやかに育て、心と体」が判読でき、同小学校であることが確認できた。右隣には大きな墓地があり、百メートルほど道路に沿って北方向に戻って行った所に日和山に上る石段があったので、学童達が避難した後追い体験をしてみた。山頂まで所々で折れ曲がっての急峻な三百三十段、市民マラソンで鍛えている筆者でも息が切れるほどで、あの日、小学生達も必死の思いで上っていたのであろうか。

帰途は歩いて駅に戻ったが、市内の復興もかなり進んでいるようであった。

3　多賀城は唯一と言える都市型の被災地で犠牲者百八十八人、損傷車両七千台余

石巻駅を午後一時二十五分に出発し、多賀城駅には二時二十七分に到着した。

多賀城市は仙台市の北に隣接し、人口六万二千人、国道45号線と県道23号線（通称、産業道路）

を中心に東北最大の物流拠点として発展してきた。海岸は砂押川の河口付近だけで、津波はそこから市の南東部三分の一に一気に浸水。百八十八名の犠牲者、家屋の全半壊五千三百棟、損傷車両七千台以上という都市型の甚大な被害を被った。その時の状況を地元紙に連載された証言の一例から抜粋、紹介する。

『不意の濁流　幹線道路襲う』（河北新報五月十三日版）

3月11日午後、国道45号線と県道仙台塩釜線（産業道路）では、大渋滞が起きていた。年度末の週末で交通量が多かった上、地震で信号が止まった。車窓の外はマンションや大型店などの建造物だ。海は見えない。濁流は不意を突き、人と車がひしめく大動脈を襲った。市内の津波による死者は、国道45号と産業道路沿いに集中した。会社員新田恵さん（39）は地震後、家族が心配になり、車で自宅に向かった。国道45号線に差し掛かると、渋滞に巻き込まれた。動かない車の列に突然、タクシーが飛び込んできた。「強引に割り込んできた、と思ったら、黒い水に押し流されてきた車両だった。すぐに自分も車も水に浮いた」と新田さんは振り返る。想像さえできなかった惨劇と雪に震えていた午後9時ごろ、自衛隊のボートで堀の上から救出された。新田さんは「生まれも育ちも多賀城だが、津波が来るという実感がなかった。多賀城も海沿いにあるという意識を持つべきだった」と話す。

しばらく駅構内に居て、六年前に地震が発生した二時四十六分に一人で黙禱を捧げた。昨年の宮古駅前では市の広報から放送があり、多くの方々がその場で黙禱されていたが、当地ではなかったようだ。駅前に出てみると直径五十センチ、高さ三メートルほどの円筒を二つのアーチで十字状に囲む慰霊のモニュメントがあり、近づいて説明を読んでみると、円筒内部に犠牲者の名前が格納されていると記してあった。

さて次に「どこか震災の名残はないですか」と駅前で客待ちしているタクシーの運転手さんに聞いてみたが、「今はもうないです」と商売っ気がない。しばらく押し問答をしても、色よい返事はなかった。それならと震災本を見せて、「犠牲者が多く出た地区に行ってみてください」ということで交渉が成立した。

そして宮内地区に連れて行ってもらう頃には運転手さんも少し思い出してくれ、訪れた八幡神社では社務所の松は一本を残して無くなり、その大きな一本には神木としてしめ縄が掛けられていたが枝は無くなっていた。また鳥居を入った脇に高さ二メートルほどの「いのちの碑」という四角い石柱が建立されており、たまたま山伏姿の方々が座して慰霊の詞を奉じておられた。またその後方の区画には四階建ての復興住宅棟が建てられていた。

これで訪問を終えて駅方面に戻る途中に、被災して閉店した「養老乃瀧」の建物を紹介してもらったが、その窓ガラスには一・五メートル高の津波の痕跡高が残っていた。そのほかには、吹き曝しのままの工場の廃屋を見る程度で、筆者が訪問した市町の中で、津波被害の痕跡は本市が最も少なかった。東北最大とされる物流拠点としての本市の今後の発展を期待する。

午後六時前から塩釜在住のかつての同僚、熊谷茂宏先生と市内の料亭で会食、ホテルに投宿し、第一日の日程を終えた。

三月十二日(日)：仙台市若林区では荒浜小学校の校舎が三百二十人の命を救った

ホテル内で朝食後にチェックアウト。十分ほど歩いて多賀城駅に戻り、七時二十九分に乗車し、仙台駅に七時五十分に到着した。

仙台市は人口百十万人、東北最大で唯一の百万都市である。青葉、太白、和泉、宮城野および若林の五区よりなり、そのうち、東岸部で多賀城市と隣接する宮城野区とその南の若林区に津波の被害が集中した。死者・行方不明者九百三十一名、家屋の全半壊は十四万棟に及んだ。その時の若林区の状況を多賀城市と同様、地元紙に掲載された証言の一つから抜粋、紹介する。

『2メートルの波、県道の車のみ込む』（河北新報七月十六日版）

猪俣隆弘さん(47)：地震発生後、車に乗り、仙台港近くの取引先から白石市の会社に戻る途中で、津波に遭いました。場所は仙台市若林区荒浜の県道塩釜亘理線（註：同区内では海岸線にほぼ平行に約一キロメートル内陸寄りを縦走）。海側の200メートル先に真っ黒い煙のようなものが見え、最初は火事だと思いました。でもよく見たら、黒いものは帯状に広がり、丸太や屋根、がれきなどが巻き上げられていて、津波だとわかりました。津波は田んぼの中を時速30～40キロくらいの速さで襲ってきました。県道は渋滞でした。たまたま内陸部に向かうあぜ道があり、ハンドルを切りました。十数秒後にバックミラーで確認すると、高さ2メートルくらいの津波が県道の車をのみ込みました。車が波に乗り、サーフィンをしているような状態でした。津波の直前、避難を呼び掛ける防災広報が聞こえました。でも、県道沿いのコンビニエンスストアには10人弱の客が残ったまま。逃げる途中、海の方に行く7、8台の車とすれ違いました。手でバツ印を示したのですが、行ってしまいました。私は仙台東部道路（註：内陸部四キロほどを縦走する高速道）の下を抜け、国道4号から自宅に戻りました。当時は逃げることで必死でした。後でテレビで津波の映像を見て、初めて恐怖を感じました。

さて、東岸部へのアクセスは地下鉄東西線が至適と考え、地下鉄仙台駅を八時十分に乗車、東端のターミナル荒井駅に八時二十三分に着いた。ここからタクシーに乗って震災遺構に決定している荒浜小学校とさらに深沼海岸寄りの慰霊碑に行ってもらうことにした。十分ほどで小学校に到着。付近には目立った建物はなく、津波の威力が想像された。

震災当日、荒浜海水浴場（深沼海岸）の浸水高は十二メートル余で、六・二メートルの防潮堤を楽々乗り越え、内陸四キロほどの仙台東部自動車道にまで達した。四階建ての校舎には約三百二十人の児童、地元住民が避難。校舎は倒壊せず救命されたが、校庭などに残っていた人々は流されたという。市の防災マップ等ではせいぜい内陸一キロメートルの県道塩釜亘理線まで逃げれば大丈夫との認識であり、全くの想定外だった。

写真11：海水浴場として賑わった仙台市若林区深沼海岸近くの松林跡。後方に慰霊の観音像。

荒浜小学校を後にし、さらに海岸寄りに進んで、高さ二メートルの台座に立つ高さ三メートルほどの観音像の慰霊塔と、昨日除幕式があったばかりのモニュメントで高さ四メートルの「荒浜記憶の鐘」を見学した。震災前の夏季には仙台駅からバスが海水浴客を運び、大変な賑わいだったとされるが、今は海岸沿いの松林は殆ど流され、その一部で枯死した松が残骸となって横たわっており、堤防越しに見る海岸のみが震災前と変わっていないようだった（写真11）。こうして荒浜地区の訪問を終え、荒井駅に戻ったが、タクシー料金は三千五百円と想定範囲内であり、結果的にベストのアクセスであった。

仙台駅九時三十分発の新幹線こまち10号に乗って帰京の途に就いたが、今回の訪問地では多賀城は都市型でほかにはない被災形態、一方、仙台東岸部は海岸線が真っ直ぐで低い平地という点で山元町等の沿岸部と似た被災形態であった。

一三　避難指示解除直後の浪江町中心地区には倒壊危険家屋等がなお散在（写真12）

（平成二十九年四月十五日）

福島第一原発のある大熊町・双葉町に隣接する北の浪江町と南の富岡町の避難指示解除区域と居住制限区域がそれぞれ三月三十一日と四月一日に解除され、それに伴って常磐線の小高—浪江間約九キロが四月一日に再開した。そこで今回は浪江町を訪問することにした。

四月十五日（土）：代行バスで北上し浪江駅に

一九項に記載したアクセスルートと同様、品川駅午前六時四十五分発の常磐線特急ひたち1号で北上、最終のいわき駅で乗り換え、楢葉町の竜田駅に九時五十四分着。これで三回目の訪問。慣れた気持ちで駅前の代行バスに乗車した。前回一月八日にはバス二台でしかも補助椅子まで使っての満席状態であったが、今回は一台でほぼ満席程度であった。バスは十時五分に出発。しばらくして国道6号線（陸前浜街道）に入り、北上した。

前回は殆ど避難区域の走行で車内には緊張感のようなものが感じられたが、富岡町と浪江町の避難解除で避難区域がほぼ半分に減少したせいか、少し落ち着いた雰囲気であった。十時二十分、さくらモールとみおかで一旦6号線を離れて右折し、二分ほどで沿岸部の富岡駅に停車した。乗降客は僅かで、再び6号線に戻った。なお駅舎は津波で消失し、現在、ロータリー等の周辺整備を含めて再建中のようであった。十時三十三分に大熊町、四十分に双葉町、四十五分に浪江町に入り、同町の田中前交差点で6号線を左折し、十時五十分に浪江駅で下車した。

浪江町の被災状況：浪江町は被災時の人口二万一千余人、沿岸部の津波被災地区（請戸、塩棚）での犠牲者百八十二名、全壊家屋六百余棟と双葉郡沿岸の双葉町、大熊町、楢葉町、広野町の中で最大の犠牲者を出している。中心街には津波は来ていないが、翌日の原発事故で全町が避難を余儀なくされた。そのため、福島県の犠牲者の特徴は、直接死一千八百十人を被災五年後までの関連死が二千七人と上回るという異常さ（表10）で、浪江町でも四百人を超えたという。転々と避難先を移動することによる心身の疲労と早期帰還の可能性が無くなったことへの絶望感によるものかと推察される。正に不条理、すなわち、「人生に意義を見出せない絶望的な状況」にあり、大変な苦労を長期間にわたって強いられている。これに関連して、岩手県や宮城県の津波被災地で多く残されている被災時の証言記録も、福島県の各自治体では皆無と言ってよく、ここ浪江町にも無い。津波被災地区への捜索開始は被災一ヶ月後で、すぐに救助すれば助かる命もあったはず。遺体は既に腐敗が進んでいたという。これが地震、津波、原発事故の多重被害の現実である。救いとなる情報の一つは請戸《うけど》小学校の生徒、教職員に津波犠牲者を出さなかったこと。浪江町の今回の避難解除区域は福島県の浜通り地方を縦走する常磐自動車道から東で中心地域を含む沿岸部のみと小範囲であるが、帰還対象者は現在の人口約一万八千人のうち約八割と大多数を占める。しかし、昨年十一月から始まった準備宿泊の届け出数は三月十六日の時点で二百六十二世帯、五百九十六人と二千五百世帯五千人と想定する町の復興計画を大きく下回っている（日経三月三十一日版）。

表10：福島県の主な原発関連沿岸自治体の直接死と関連死

（東日本大震災・原発事故から5年　ふくしまは負けない2011〜2016：福島民報社、平成28年3月）

	直接死／関連死		直接死／関連死
南相馬市	525人／485人	浪江町	182人／400人＊
双葉町	17人／136人	大熊町	11人／115人
楢葉町	11人／117人	富岡町	24人／333人

＊浪江町は最新の数字　付．岩手県5797人／455人　宮城県10777人／908人　福島県1810人／2007人（警察庁：平成28年3月）

さて、浪江駅では七〜八名が降車したのみであった。当駅への下りのバスはこの一便のみで、意外に少数と感じた。筆者自身を持ち上げる訳ではないが、被災地への国民の関心が薄れてきたとすれば好ましいこととは言えまい。駅前にタクシーはなく、誰も乗っていないマイクロバスが二台駐車していたので、運転席の男性に「一人でも乗れませんか？」と尋ねたところ、町民専用の観光バスとのことで、利用できないとわかった。沿岸部まで歩いて約一時間とのことで一応歩いてみることにしたが、乗っている町民もおらず手持ち無沙汰のようで、もちろん有料でよいので臨機応変に機転を利かせて乗せてもらえればと思った次第。まあ、これは現場の人でなく、このように決めた

写真12：避難解除15日目の浪江駅前通り。地震と風化による家屋の劣化が目立つが解体率は4割に留まる。

町の上層部の人に言うべきであろうが。

浪江町はこの駅からほぼ西へ一キロの町役場までがメインストリートで、その北部一帯が中心街となっている。町役場までの街並みの第一印象は、地震そのものによる倒壊危険家屋や地震被害が軽微でも六年以上放置したゆえの風化による廃屋状態の家屋・商店が散見され、まだまだ解体工事が進んでいないという印象であった（写真12）。資料によると、解体申請のあった二千件のうち、完了したのは七百六十七件と四割に満たないという（二〇一七年二月十七日付のネット情報）。そのせいで同じ避難解除後の小高駅前（南相馬市）に比べ、街並みが薄汚れた感じで、まだまだ再建の緒の緒という段階であった。それでも自動車やトラクターの町工場が二ヶ所で営業を開始しており、先遣隊と言える。

役場を過ぎるとすぐに国道6号線の田中前の交

差点があり、ここを右折し、6号線を南下し始めたが、まだまだ沿岸部は遠そうである。そこで計画を変更し、休店中のスーパーのヨークベニマルで引き返し、中心街を見て回ることにした。同スーパーの大きな駐車場に一台だけ乗用車が駐車していたので、寄ってみたらタイヤの空気が抜けており、震災後からずっと放置されていたものとわかった。町民は同スーパーやショッピングセンター「サンプラザ」等の営業再開の希望が根強いという。だが、先行の南相馬市小高区や楢葉町では一年余の住民の帰還率が一割強ほどとすると、採算的に再開の可能性は低いと言わざるを得ない。実際の帰還意向調査でも、戻りたいが一七・五%のみで五二・六%が戻らないと決めている。

スーパーの隣にメガネの弐萬圓堂の店があったので覗いてみたら、ショーケースの上にメガネがそのまま置かれており、もしかして戻ることを想定されていたのかも知れない。一方、その対面のドラッグストアSEIMSを覗いてみると、こちらの正面ドアは壊れ、内部は足の踏み場もないほど商品が散乱しており、急いで避難された様子がうかがわれた。田中前の交差点に戻るとコンビニのローソンがあり、品揃えも多く繁盛の様子であった。作業服を着た工事関係者などで賑わっており、避難地域の双葉町・大熊町での原発廃炉関連工事の人達が利用しているのかも知れない。

その隣で、町役場との間に仮設商店街「まち・なみ・まるしぇ」が十店舗でこぢんまりと開業しており、その中の海鮮和食処「くろさか」では三十席ほどがほぼ満席のようだった。ひとつの起爆剤と言えよう。その隣の町役場は立派な建物で、実務も二本松市の仮設役場から帰還して本格的に町づくりの施策が進められることが期待される。

さらに駅方向に戻ると店のガラス戸が開け放たれた「いさを輪業商会」の看板があったので、店内を覗いてみると、散乱した大きな荷物の後方にお買得品と書かれた自転車が数台置かれたままだった。さらに進んでメインストリートを右折すると五階建ての「ホテルなみえ」があり、帰還支援の一時宿泊所となっているとのこと、唯一の本格的なホテルと思われた。

その手前の少し狭い道路の電柱に山○歯科の看板があったので、ちょっと行ってみることにした。こういった脇道に入ると倒壊寸前の家屋、廃屋と化した夜の繁華街や半壊状態の商店街が目立ち、まずは解体促進が望まれよう。そうこうするうちに山○歯科の玄関に至った。一階建ての外形には損傷は殆どないが、もちろん門扉は閉じられていた。気になって後方に連続する二階建ての自宅に回ってみた。勝手口のドアの窓が割れており、そっと中を見ると、正面奥に仮眠用と思われるベッドが一つあって雑然と衣類が置かれ、その前の居間の食卓にはコップ、歯ブラシ、箸などが散乱しており、さらに手前のキッチンの流しには食器類が積み上げられ放置されていた。正に六年半前から時計が止まった状態であった。見てはいけないものを見てしまったという思いと、同業の先生の無念に同情を禁じ得ない思いが交錯していた。ついでながらと近隣の歯科医院を検索したところ、豊嶋歯科と栗山歯科の外観はそのままで堅牢な耐震性が証明されたが、いずれも閉院であろう。一方、にしはら歯科クリニック跡は既に更地になっていた。人が戻らないと、歯科医院を含めた個人営業等の経営は成り立たず、厳しい状況は変わらない。

浪江町は原発立地の協力金を受けてこなかったにもかかわらず、第一原発から二十キロ以上も離れた内陸部は風向きの影響で今もなお避難解除されていない。しかも、双葉郡地区で最多の津波犠牲者を出しており、重複被害の代表的な自治体となっている。馬場有町長は町の今後について「町おこしではなく、町のこし」と述べておられる。このような現状の浪江町に何かエールを送りたいが何を言っても軽々しく、言葉が見つからない。それどころか、この記述全体も躊躇すべきではと思うことも。そこで、浪江駅舎正面右側に掲げてあった看板の思いに心を寄せ、ずっと忘れないということで締めにしたい。

「――第2次浪江町復興計画理念――みんなでともに乗り越えよう　私たちの暮らしの再生に向けて～未来につなぐ復興への思い～浪江町」

午後二時四十五分発の原ノ町行に乗車、隣の桃内駅で途中下車して散策。次の列車で原ノ町経由で仙台まで行き、新幹線に乗車して帰京の途に就いた（註：最も気になった町なので、八月十五日に再訪したが、表立った変化は見られなかった）。

付．二〇一七年六月末現在の帰還町民数は二百六十四人。

二四　避難指示解除一ヶ月余の富岡町では複合型商業施設のみに人が集中（写真13）

（平成二十九年五月三日）

前項の浪江町に続いて富岡町について記述する。原発事故を起こした福島第一原発の所在地が北から双葉町と大熊町で、その北に浪江町、その南に富岡町があり、それぞれ平成二十九（二〇一七）年三月三十一日と四月一日に浪江町中心部と富岡町のうち、大熊町と接する小範囲を除く大部分が避難解除されたことは前項でも述べた。

五月三日（水・祝）：三時間余、町内を歩き回った

前回と同じアクセスで、品川駅発六時四十五分の特急ひたち1号に乗車したが、さすがに五連休の初日、上野駅から勝田駅までは立ち席の乗客も多かった。常磐線特急は全車座席指定で、座席上の灯りが赤であれば空席で着席可というシステムになっており車内での指定券の発売はなく、また特急券購入は車内では割高になっている。いわき駅経由で竜田駅に降りたところ、本日は原ノ町駅行き下りバスは二台であったが、ぎりぎり一台で済む人数であった。十時五分出発、十時二十五分に富岡駅着。降りたのは私だけであった。原ノ町行きはこの一便のみであるが、竜田―富岡間だけで九往復あり、断定的なことは言えないが、被災地への関心が薄れたのだろうか。原発被災後の避難指示解除地域では本当にこれからが苦難の再出発と思うのだが。

富岡町の被災状況・被災時の人口は一万五千八百人。沿岸部の仏浜、毛萱、小浜、富岡駅前が津波被害を受け、二十四人が犠牲になり、家屋の全半壊百二十七戸であった。福島第一原発の事故で全て二十キロ圏内の富岡町は全町避難となり、平成二十八年の関連死は三百三十三人に上っている（表10：208ページ参照）。なお福島第二原発は敷地の主体は楢葉町、一部が富岡町の位置にあったが、作業員の決死の作業によって爆発を免れている。

さて、旧・富岡駅は南の竜田駅と北の夜ノ森駅が内陸部にあるのに当駅のみ沿岸部に蛇行していたため、七メートルの津波により特急が停車していた駅舎は全壊した。現在の新駅は百メートル内陸に移動した地点にあって新しい駅舎を建造予定で、プラットホームと線路は再建されており、今秋にも運転再開と報じられている。そこから海岸方向を望むと、右手に縦三十メートル、横百メートル、高さ五メートルほどの白い鋼鉄製で長屋風の窓無しの建物があり、除染物質の貯蔵庫とのことであった。そして、その前には入りきらない（？）多数のフレコンバッグが置かれていた。また、バス停の海に向かって左側すぐの所に立派な二階建ての日本家屋があったが、内部は吹き抜けになっており、いきなり洗礼を浴びる感じであった。鉄路が開通する頃には解体撤去されているだろう。

その後はバスが右折して駅方向に入ってきた国道6号線の交差点まで歩いていった。

前回、浪江町を訪問する際にも見えたが、6号線の北方向に向かって右手に三月三十日にグランドオープンした大きな複合型商業施設「さくらモールとみおか」がある。震災までの「富岡ショッ

写真13：富岡町の避難解除2日前の2017年3月30日にオープンした複合型商業施設（せめて最後の写真は明るいもので終えたい）。

ピングプラザＴｏｍｉとむ」を全面改造し、向かって左からホームセンターのダイユーエイト、中央にツルハドラッグ、右側にヨークベニマルが配置され、それに飲食店のおふくろフード、ラーメン浜鶏、定食のいろは家が加わっていた。結構、人出もあり、前の大きな駐車場にもそれなりに車が多かった。ここだけ見れば、避難解除直後とは思えない賑わいと言えた。

ヨークベニマルは十一時に開店とのことで、昼時にもう一度入ってみることにして、町の中心部を散歩してみた。この商業施設の交差点を挟んで対極にある大きな建物が双葉警察署で、名称からして双葉郡全域を管轄しているものと思われる。また、さくらモールの6号線の反対側には休業中の回転寿司「アトム」があった。なるほど、当・富岡町は小範囲とは言え福島第二原発（通称、2Ｆ：ニエフ、もちろん第一は１Ｆ：イチエフ）の立地であり、町民もそれを受け入れ、またそれに関連する社員や家族が多く、同店を利用したことだろう。

次に警察署を右手に東の方向に歩いて、iPadの地図にある二つの歯科医院を訪問することにした。まずは百メートルほどで右手に今村歯科医院の看板が見えた。全く損傷のない二階診療室のガラス戸の玄関から覗いてみると女性の肖像写真があり、おそらく当院の女性院長であろう。iPadの地図には近隣の丘の方に今村病院の名前があるので、そこのお嬢さんが独立開業されたのかと推察した。さらにしばらく行って左側に一階建ての石井歯科医院があったが、これも全く損傷はない。ガラス戸の玄関の内側から案内の紙が貼ってあり、「三月十七日(木)午後の診察は会議のため、休診致します。尚、三月十六日(水)は終日診療します」と書いてあった。あの3・11のしばらく前の掲示だったのだろう、それから当院も六年余にわたって時計が止まったままである。

次に日経新聞の二〇一七年二月十七日版に出ていた双葉郡随一と言われた中央商店街に行ってみることにした。近くに停車していたパトカーの警察官の方に行き先を聞いたところ、「さらに東に向かい、一つ目の信号を左折すると有る」との説明を受けた。さらに同紙の記事中にある簡略地図に町役場が出ているが、iPadには無いのでこれも尋ねたが、北方向を指さし、「丘の上でかなり遠い」とのこと、訪問するかどうかは後で考えることにした。

まずは指示通り、信号を左折して歩いて行くとほどなく左手に、新聞に大きく出ていた商店街の風景に出くわした。向かって右手に養老乃瀧、新妻酒店、仲山時計店、左手に学生服中心の大原本店などを確認できた。確かに人は一人もおらず、ゴーストタウン状態であった。ただ、家屋の解体は結構進んでおり、更地も散見され、浪江町で見られた倒壊の危険のある傾いた家屋はなく、原発立地の有無による経済力の差かとうがった考えが頭をよぎった。新聞の大見出しは「店も仕事もない」で、記事の最後に「『六年で町の毛細血管が全部、壊れてしまった』。生活の基盤の復旧に追われている町産業振興課の菅野利行課長(59)は『今の状況では無理に帰ってきてとは言えない』と苦しい胸の内を明かした」と結んであった。

十二時半になったのでもう一度、さくらモールとみおかに行ってみることにした。内部の三店とも品数も多く、賑わいを見せており、飲食店もほどほどに混雑していた。町の再興の拠点はここにあって、中央商店街の復活はないと断言してよいかと判断した。

ここで十二時四十分、やはり悔いのないように、遠い町役場を見ておこうと決心した。帰りのバスは一時五十分と二時五十分のいずれかと決めた。今度は双葉警察署を左に見て、北の方向に六号線を進んで行くとすぐに町を西から東に流れる富岡川に架かる橋に来た。

ふと左下を振り返ってみると川の右岸と双葉警察署の間に岡内東児童公園があり、損傷したパトカーと思われる車と慰霊の看板が立ててあったので、おそらく津波避難の誘導中に殉職された二人の警察官を慰霊しているものと推察したが、直接、降りていけなかったので帰りに改めて訪問することにした。橋を渡った地点に交通標識が掲げられており、真っ直ぐ行くと夜ノ森方面、左折すると富岡町役場と表記してあった。そこで右折したところ、左岸脇に遊戯店で「パーラー・アトム」

の店舗があった。原子（力）の子、鉄腕アトムの名前は町に自然に受け入れられていたのであろう。

これを左に見ながら上がって行くと、右手に階段があったのでそこを上がってみた。上がり終わった地点から下界にある町全体の視野が開け、富岡駅の向こうにあった白い色の除染処理用建築物の全景が見渡せ、さらに右手遠方の第二原発の鉄塔も見えた。ここから少し下りるほうに歩いていくと左右には一戸建ての住宅が立ち並び、ナイター照明のある競技場も見えてきた。道なりに反時計回りに下りていくと、やっと町役場の案内の看板が見えた。立体交差となっている橋を渡る際、下の道路を真っ直ぐ歩いて上がり、この立体交差点に来るのが至近だったことになるが、町を見渡せたので、少し遠回りをしたが、これも良い選択であった。

さらに、しばらく歩いていくと、やっと左方向に建築物が見えてきた。結局、大きな公共施設・富岡町文化交流センターの総称が「学びの森」で、生涯学習館、図書館、歴史民俗資料館の具体的な名称の掲示があり、教育委員会事務局を併設していた。町役場はこの大きな敷地の右端にあったが、文化交流センターの偉容には及ばなかった。このセンターの外観は、正直なところ、この町には不似合いなほど横に長く立派であり、原発補助金によるハコモノかとまたうがった考えが浮かんだ。町役場訪問を終えたところで午後一時十分。急げば一時五十分に間に合うかとすぐに帰途に就いた。立体交差点で下の道路への細い連絡路を下り、右方向に戻ると比較的早く橋に戻った。急いで双葉警察署を迂回して、児童公園に行ったところ、予想した通り、津波避難誘導時に殉職された増子洋一警視(41)と佐藤雄太警部補(24)を慰霊する碑と説明文の看板が、大きく破損したパトカーと共に設置され、その前に献花が沢山あった。「所属された警察署の近くで安らかにお眠りください」と祈った。合掌。

一時五十分のバスに間に合い、乗客は私一人で竜田まで戻った。

帰途、いわき市の久ノ浜駅に下車してみた。いわき市は人口三十四万人、東京二十三区の一・二倍の広さで沿岸部の長さも六十キロという。死者・行方不明者三百四十七人、関連死を含め四百六十一人、家屋の全半壊二万五千戸と甚大な被害を受けたにもかかわらず、原発事故の自治体の避難者を受け入れる役目を果たしてきている。沿岸部の被害は特に五ヶ所で甚大であったようで、その一つとして久ノ浜町を訪れることにした。

久ノ浜地区はいわき市の北端部にあり、震災区域の全戸数六百九十四戸のうち、四百六十五戸（六十七%）が全半壊、死者六十八人の甚大な被害を受けた。津波被害のなかった駅から海岸までは五百メートルほどで、沿岸一帯は嵩上げ、防災緑地の整備の途上にあった。被災住宅は嵩上げした内陸に移転の予定である。また、コミュニティ商業施設「浜風きらら」が先月四月二十四日に開業した。久之浜町商工会、食事処、物販、カフェ、郵便局が入る施設であり、ようやく人が集まる形が見えてきたように思われる。まだ周辺には更地が多い。「頑張ってください」と願い、帰京の途に就いた。

本項まとめ

富岡町は浪江町と比較すると、やはり原発立地のおかげで豊かな生活が送れてきたのではないかと思う。家屋解体、新住宅建設も浪江町より進んでいる印象である。「さくらモールとみおか」のグランドオープンも、浪江町では同様の施設の設置要望が根強いがまだ実現していない。そういう点では楢葉町にも大きな商業施設は見当たらなかった。南相馬市小高区は同市の一部であり、市の支援があれば、他の三町より復興ができる要素はあろう。事実、この四月に幼稚園、小学校、中学校が再開し、高校が開校した。三月末現在で居住者一千三百二十九人のうち、日中は学校関係者約八百人が通勤・通学と活気が戻ってきているという（福島民報二〇一七年五月三日版）。

一方、楢葉町では、この四月から楢葉中学の地に、楢葉北小、楢葉南小を加えた三校で学びを開始したが、事前予測では全体で九十人程度という。浪江町と富岡町はまだ学校再開の目処は立っていない。まだほんのちょっと前に避難解除されたのだからまだまだ先のことかも知れない。いずれにしても、楢葉町、浪江町および富岡町の三町では、今後、人が戻れるような仕事、コミュニティの構築がどこまでできるか、日本がかつて経験したことのない挑戦である。さらに飯舘村など内陸部の避難指示解除地域は公共交通機関がない今、訪問することができない。併せて、心から支援していきたいと思う。そしてそして、まだ双葉町、大熊町が原発事故処理との闘いの現場となっている。長く長く忘れないで生涯、心を寄せていきたい。

あとがき

一九九八年の初編以来、ほぼ二〜三年間隔で出版してきた「後遅走サンデーシリーズ」も遂に第八編をもって完結ということにした（第八項表6：79ページ参照）。

その最大の要因は、体力の衰えにより完走記録がどんどん落ち、市民マラソンについて記述すべきことが無くなってきたからである。ほんの少し前まで、一〇Kなら八十歳ぐらいまで可能ではとの思いがあったが、それほどの身体能力がなかったということになる。

そこで以下に二つの「びっくり」。一〇Kを終えたなら、個人のみの健康ジョギングをと考えていたが、これまで「市民マラソンには値しない」と豪語してきた五Kにも参加して良いかなという心の変化が表れてきた。これが一つ目の「びっくり」。また、記述内容についても、初編：気分は爽快、後遅走サンデー、第2編：後遅走サンデー・東奔編、第3編：同・西走編、第4編：同・熟走編と純粋に市民マラソンについて記述してきたが、第5編：がん闘病&市民マラソン日記（以上、北國新聞社刊）、第6編：定年教授の癌克服ラン日記、第7編：走る定年教授の充実オストメイト・ライフと大腸癌やストーマに関する記述が加わり、さらに最終編では意外にも東北の被災地訪問の記述が主体を占めた。これが二つ目の「びっくり」である。執筆開始から二十年余も経れば、心境や状況も変化するということであろう。

今、週末の皇居ラン（自主ランを含め）の最大の利点は「生活にメリハリ」が利くことである。当然のこととは言え、加齢で記録は年々落ち、走後疲労感も増え、回復も遅くなってきた。元々、距離の短い一〇Kではランナーズハイを自覚できることはなかったが、それでも走り終えた時の達成感はまだまだ何物にも代え難い。「今回も走れた」という感慨に浸る時が、いっときの至福の時と言えよう。右足の足底腱膜炎は無理しなければ治まっていてくれる。無痛で走れることに感謝して、一回また一回と積み重ねられたらと願っている。これまで長く、御愛読いただいた皆様に感謝して、後遅走サンデーシリーズを終えることにする（二〇一七年九月末日現在、フルマラソン二十一回を含む全完走回数：七百七十九回）。

最後に、本書の出版に御尽力いただいたスターダイバー社の米津香保里様、実務を担当いただいた同社の重田玲様、そして出版の機会をいただいた株式会社コスモの本様に深謝致します。

著者紹介 **山本悦秀**［やまもと・えつひで］
1945（昭和20）年、愛知県稲沢市生まれ。元金沢大学医学部教授。39歳でジョギングを始め、41歳のときに初の市民マラソンに参加。以来、遅走・楽走をモットーにフルマラソン21回をはじめハーフ、20K、10Kなど750回余の完走を果たし、生涯ランを目指す。2005（平成17）年8月に大腸癌を手術後、計3度の手術、化学療法を経験。2013年3月、最終手術後5年無再発を達成し、同時に自らの意思でストーマ（人工肛門）を永久受容。オストメイトとしての経験を多くの人に伝えるべく活動している。金沢大学の教授時代よりランと闘病を記録したエッセー、「後遅走サンデー」シリーズをライフワークとして刊行し続け、本書で完結。

後遅走サンデー Vol.8 完結編

今こそ、3.11を忘れない

復興支援皇居マラソンが被災地にいざなう

2017年10月5日　第1版第1刷発行

著者 山本悦秀
〒152-0012
東京都目黒区洗足2丁目27番10号
Tel：03-5751-1917
Mail：e-yamamoto@mbs.ocn.ne.jp

発行・発売 株式会社コスモの本
〒167-0053
東京都杉並区西荻南3-17-16　加藤ビル202
Tel：03-5336-9668
Fax：03-5336-9670

DTP 上野秀司
装丁 木ノ下 努（スターダイバー）
編集 重田　玲（スターダイバー）
プロデュース 株式会社スターダイバー

印刷・製本 モリモト印刷株式会社

©2017 Etsuhide Yamamoto printed in japan　ISBN978-4-86485-031-5
＊落丁・乱丁はお取り替え致します